心理传记与质性心理学

Psychobiography and Qualitative Psychology

中国心理学会心理学质性研究专业委员会
岭南师范学院心理传记学与生命叙事研究所
主办

2020
Vol.7

第七辑

郑剑虹
刘电芝
主编

中央编译出版社

图书在版编目（CIP）数据

心理传记与质性心理学.第7辑/郑剑虹，刘电芝主编.—北京：中央编译出版社，2020.6
ISBN 978-7-5117-3891-2

Ⅰ.①心… Ⅱ.①郑…②刘… Ⅲ.①心理学–文集 Ⅳ.①B84-53

中国版本图书馆 CIP 数据核字（2020）第 244954 号

心理传记与质性心理学.第7辑

责任编辑	景淑娥
责任印制	刘　慧
出版发行	中央编译出版社
地　　址	北京西城区车公庄大街乙5号鸿儒大厦B座（100044）
电　　话	（010）52612345（总编室）　　（010）52612341（编辑室）
	（010）52612316（发行）　　　（010）52612369（网站）
传　　真	（010）66515838
经　　销	全国新华书店
印　　刷	河北下花园光华印刷有限责任公司
开　　本	710毫米×1000毫米　1/16
字　　数	170千字
印　　张	12.5
版　　次	2020年6月第1版
印　　次	2020年6月第1次印刷
定　　价	78.00元

新浪微博：@中央编译出版社　　　微　信：中央编译出版社(ID: cctphome)
淘宝店铺：中央编译出版社直销店(http://shop108367160.taobao.com)　（010）52612322

本社常年法律顾问：北京市吴栾赵阎律师事务所律师　闫军　梁勤
凡有印装质量问题，本社负责调换，电话：（010）52612322

主办：中国心理学会心理学质性研究专业委员会
　　　岭南师范学院心理传记学与生命叙事研究所

编审委员会

编审顾问：黄希庭
主　　编：郑剑虹　刘电芝
副 主 编：郭永玉　钟　年　燕良轼　甘怡群　杨莉萍
编审委员（按姓氏笔画排序）：
　　丁兴祥（台湾辅仁大学）
　　丁道群（湖南师范大学）
　　尹可丽（云南师范大学）
　　甘怡群（北京大学）
　　叶一舵（福建师范大学）
　　田良臣（江南大学）
　　田　宝（首都师范大学）
　　刘电芝（苏州大学）
　　刘　力（北京师范大学）
　　刘学兰（华南师范大学）
　　刘　毅（武汉大学）
　　李文玫（台湾龙华科技大学）
　　李力红（东北师范大学）
　　李继波（岭南师范学院）
　　毕重增（西南大学）
　　江　波（苏州大学）
　　吴继霞（苏州大学）
　　谷传华（华中师范大学）
　　陈祥美（台湾中国文化大学）

陈建文（华中科技大学）
陈羿君（苏州大学）
陈顺森（闽南师范大学）
张雨青（中国科学院）
张慈宜（台湾辅仁大学）
张宝山（陕西师范大学）
杨莉萍（南京师范大学）
杨　玲（西北师范大学）
郑剑虹（岭南师范学院）
郑荣双（岭南师范学院）
范丽恒（河南大学）
罗文波（辽宁师范大学）
钟　年（武汉大学）
郭永玉（南京师范大学）
郭斯萍（广州大学）
贾宇琰（中央编译出版社）
贾林祥（江苏师范大学）
耿文秀（华东师范大学）
翁开诚（台湾辅仁大学）
徐建平（北京师范大学）
凌　辉（湖南师范大学）
萧延中（华东师范大学）
阎书昌（河北师范大学）
傅安国（海南大学）
舒跃育（西北师范大学）
赖诚斌（台湾辅仁大学）
翟　群（澳门理工学院）
燕良轼（湖南师范大学）
薛荣祥（台湾龙华科技大学）

编辑部主任： 何吴明博士（岭南师范学院）

目录
contents

研究方法

质性访谈中的权力关系
　张慈宜　/ 1

心理传记与生命叙事

从王国维《〈红楼梦〉评论》试探其自杀的原因
　贺　岩　/ 23
女性为何习惯于自我凝视——对三位女性大学生体象焦虑的叙事分析
　张何雅婷　张宝山　周宗伟　/ 43
跑道上的自己：一个女孩的自我叙说
　张　蕾　张继元　杨　玲　/ 69

质性综合分析与生命故事访谈

自我整合感：老年人联通过往与未来的桥梁
　刘燕平　郑剑虹　Gertina J. van Schalkwyk　/ 95
人格积极力量的展现：研究生 S 学习和实践团体心理咨询的生命故事
　那冬雪　尹可丽　/ 117

专栏：疫情下的生命故事

改写生命故事：疫情中网络叙事治疗的实践与探索
  刘静怡　刘电芝　/ 137
新冠疫情期间一位武汉大学生的叙事研究
  竭　婧　万子俊　/ 157

《心理传记与质性心理学》征稿启事　/ 185

目录
contents

Research Method

Power Relations in Qualitative Interviews
Chang Tsz-Yi / I

Psychobiography and Life Narrative

Exploring the Psychological Reasons for Guo-wei Wang's Suicide through His *Comment on a Dream of Red Mansions*
He Yan / 23

Why Women Get Used to Self-gazing? The Narrative Analysis on Three Female College Students' Body Image Anxiety
Zhanghe Yating Zhang Bao-shan Zhou Zong-wei / 43

Self on the runway: A girl's self-narration
Zhang Lei Chang Chi-yuan Yang Ling / 69

Qualitative Meta-Synthesis and Life Story Interview

Ego Integrity: A Bridge for the Elderly to Connect Their Past with Their Future
Liu Yan-ping Zheng Jian-hong Gertina J. van Schalkwyk / 95

Positive Forces of Personality: Life Story of Graduate S Learning and Practice Group Psychological Counseling

Na Dong-xue　Yin Ke-li　/ 117

Column: Life Narrative under Pandemic Situation

Rewriting Life Narrative: The Practice and Exploration of Network Narrative Therapy in Epidemic Situation

Liu Jing-yi　Liu Dian-zi　/ 137

A Narrative Inquiry of a University Student in Wuhan During the COVID-19 Pandemic

Jie Jing　Wan Zi-jun　/ 157

Call for Papers　/ 185

质性访谈中的权力关系

张慈宜[*]

(辅仁大学心理学系,台湾新北,24205)

/ 摘 要 /

认为质性访谈的资料生产,是一个在特定的情境脉络底下,由特定的访谈者与特定的研究参与者互动协商的结果,这样的信念越来越被人们广为接受。在此一互动协商的过程中,有许多层面的因素会介入影响到访谈的成果,在这些众多的因子中,本文将焦点锁定在质性访谈研究中的"权力关系",旨在探究质性访谈过程中的"权力"因素会如何运作,而质性研究人员又该如何面对。有些女性主义学者主张访谈者与研究参与者维持一种非等级性(non-hierarchical)的关系,不仅具有伦理的意涵,并且具备方法论层面的意义,可让访谈更能够发挥其探究的功能,但此一立场后来也受到了许多挑战。虽然访谈者拥有"凝视"研究参与者的权力以及设定议程的权力,然而研究参与者亦有其自身的需求、欲望,或目的,想要透过访谈来表达或者实现,并且访谈中的权力关系无法自外于真

[*] 通讯作者:张慈宜,副教授,博士,E-mail: 023966@mail.fju.edu.tw

实世界的权力运作。因此，研究者应该负起的责任是：在整个研究过程中都密切觉察"权力"之运作，并且针对访谈权力动态进行反映与思考，将之视为我们理解研究对象、研究议题以及我们自身的一个重要窗口。

/ 关键词 /

质性访谈，访谈关系，认识论，权力，女性主义

访谈很像婚姻：每个人都知道它是什么，很多人都这样做，但在每扇关起来的大门后面都有一个秘密的世界。（Oakley, A., *Interviewing Women: A contradiction in terms*, p.31）

绪论

根据方塔纳和弗里（Fontana & Frey, 2000）的梳理，历史上存在各式各样不同形式的访谈，最早的访谈可以溯源到古埃及的人口普查。至于近代的发展，则主要是由两类型的访谈演化而来，第一种是临床诊断和咨询，所关注的是回答的内容质地。第二种，采取结构式访谈的形式，则在第二次世界大战期间，大量以心理测验的方式得到实践，关注的重点是测量的技术层面。以现今学术研究的实施状况来说，质性访谈（qualitative interview），或说开放式/非结构式访谈，与定量访谈（quantitative interview），或说封闭式/结构式访谈，不管在研究目的、方法论及认识论立场、具体的访谈实践、衡量准则、访谈所得"数据"（data）之分析，以及最终针对研究结果之应用而言，都存在着相当程度的差异，甚至，对于某些学者来说，此二类型的访谈，从根本上就具有"不可通约性"（Incommensurability）（Kuhn, 1996/1962）。由于作者之研究旨

趣明显偏向于质性访谈，因此，本文接下来所要探究的主要课题，即访谈中的权力关系如何在访谈关系及研究中发挥作用，率皆针对质性访谈而论，量化/结构式的访谈将仅止于作为参照比较用的背景角色出现。

访谈可能是质性研究中最广为使用的方法（Edwards & Holland, 2013; Forsey, 2012; Holstein & Gubrium, 1997）。其在社会科学界的盛行程度，甚至被哈默斯利（Hammersley）指称为到了一种"痴迷"（obsessed）的程度，痴迷于"借由访谈来发现人们在其公开面向背后的个人现实"（1997: 119）。此一现象也引发了部分学者的不满，认为作为一项研究工具，访谈被社会科学研究社群"不成比例地""过度"依赖（Atkinson & Silverman, 1997; Potter & Hepburn, 2005）。然而，不管研究者们对于访谈抱持着正向或者怀疑的态度，都揭示了访谈无与伦比的地位，由不断推陈出新、名目繁多的各种访谈指导手册及教科书可见一斑。

质性研究领域的重量级作者诺曼·邓津和伊冯娜·林肯（Norman Denzin & Yvonna Lincoln）在其所编辑的《质性研究指南》（*Handbook of Qualitative Research*）中，将质性研究的演化过程，根据他们所认为的焦点特征划分时期，不管是七个时期（Denzin & Lincoln, 2000），或最新版指南中进一步拓展到十一个时期，都意味着质性研究这个阵地不断受到各种认识论浪潮的冲刷（Denzin & Lincoln, 2018）。两位作者强调这些时期的划分是人为的，同时也不依循着一种进步的史观发展，不同的时期交相重叠，并且持续在"当下"共同运作（Denzin & Lincoln, 2000; 2018）。其他的学者未必同意这一套历史分期架构，但大致都共享了这样一种观点：质性研究是一个百花齐放、各种不同认识论及方法论立场（例如：实证主义、后结构主义、女性主义、现象学、批判现实主义、后现代主义、后后现代主义等）争相竞夺的一个场域（如Edwards & Holland, 2013; Fontana & Frey, 2000; Silverman, 2006），同时也意味着这是一个充斥了各种争议与不确定性的领域，但换一个角度来看，亦可说这是一个充满了各种希望与可能性之涵容空间。

历经了历史上的起落,近年来质性研究有越来越受重视的趋势,即便如此,研究的"合法性"议题对质性研究学者来说,仍然经常是一个难以回避的问题。也因此催生了许多关于方法论或认识论层面的思考与辩论,并且经常以实证主义取向作为对话的主要对象,包括本文亦在此列。此一现象反映了两个状况:其一,即便数十年来面临了那么多的挑战,目前的学术体制仍牢牢掌握在实证主义意识形态的霸权中;其二,在目前的学术建制及学术霸权之下,质性研究学者经常面临在各项教学及研究资源争取(如大专学院中的位置、系所课程配置、研究经费分配等),以及成果/成就表现(如期刊论文发表、升等)方面,非常严峻的处境(Greenwood & Levin, 2000)。

古典的实证主义,以及后继的后实证主义,将访谈视为一个数据采集的过程,访谈者应谨守客观、中立的立场,并应尽全力避免访谈资料受到"污染"。于今,对于访谈者所抱持的此一"被动""客观"的立场,已经高度受到质疑。访谈者身上的各种特征,如性别、阶级、种族、年龄、社经地位可能都会对访谈造成影响,已经是许多质性学者所公认的事情(Edwards & Holland, 2013;Fontana & Frey, 2000;Oakley, 1981;Padfield & Procter, 1996;Rose, 1997;Silverman, 2006)。越来越多的研究者相信质性访谈是一个在特定的情境脉络底下,访谈者和研究参与者互动协商的结果(如 Alldred & Gillies, 2012;Edwards & Holland, 2013;Fontana & Frey, 2000;Foster, 2013;Holstein & Gubrium, 1997;Kvale, 1994;O'Grady, 2016 等)。事实上,即便是站在实证主义认识论立场的学者,也难以完全抗拒将访谈视为一个双方动态协商的过程,不管这些作者们有没有公开承认这点。否则,我们到底该如何看待这些教导或者谈论访谈技术的书籍、文章,不厌其烦地叮嘱关于访谈人员的服装仪容、态度、如何破冰、如何回答研究参与者的提问①、如何选择访谈地点等种

---

① 访谈指南或教科书,通常会教授访谈者避免出现自己真实想法或意见的策略,如"我怎么看不重要,重要的是您的意见","我对这个问题真的不了解,不知道说什么,您才是专家"。(引自 Fontana & Frey, 2000: 660)

种要点，显然上述所有因素都有可能会"影响"到访谈的内容。

在此一互动协商的过程中，有许多层面的因素会介入影响到访谈的成果，在这些众多的因子中，本文将焦点锁定在质性访谈研究中的"权力关系"，旨在探究质性访谈过程中的"权力"因素会如何运作？而质性研究人员又该如何面对？

质性访谈中的"权力"

研究者与研究参与者之间的"权力关系"议题，于历经了一些极为惨痛的教训之后，已经成为密切受到关注的议题，并且成为研究伦理审查的重点项目。举例来说，在纳粹时代，有一些医生以人体进行残忍或者不人道的实验，这也催生了著名的纽伦堡守则（The Nuremberg Code）及赫尔辛基宣言（Declaration of Helsinki）。现今的学术研究必须通过伦理审查才能进行，已经成为颇为普遍的要求（Miller, Birch, Mauthner & Jessop, 2012），而且各国的人体/人类研究伦理审查的准则中，都将研究参与者自主权之保障列为必备的要项。

然而，对有些质性研究学术人员来说，符合伦理审查条例的要求只不过是最低标准而已，他们更加关切研究者与研究参与者之间是否能够维持一种更加对等，而非等级性（non-hierarchical）的关系（Edwards & Holland, 2013；Fletcher, 2017；Gubrium & Jones C. 1991；Oakley, 1981）。

奥克利（Oakley, 1981）在她那一篇十分具有影响力的文章中，批评"正确的"，或说"标准的"访谈，所依循的是一种"男性化"（masculine）的典范。这种男性典范将研究参与者视为生产资料的客观工具，并将访谈者加以神秘化（避免提供任何个人意见或价值观），据此进行一种单面向的、具有等级关系的"伪交谈"（pseudo-conversation）。奥克利根据自己从事母职研究的经验①，主张研究者与研究参与者维持一种非等级性的关系，不仅具有伦理的意涵，而且还有方法论层面的意义，让访谈更能够发挥其探究的功能。她写道：

> 在大部分的情况下，若访谈者与受访者之间是一种非等级性的关系，而且访谈者准备以自己个人化的身份投入关系中时，则最能够达到访谈所想要达致的目标：透过访谈来发现人身上的一些东西。(1981：41)

奥克利所谓的访谈者以"个人身份"（personal identity）投入访谈关系中，到底是什么意思呢？有别于客观、抽离的访谈者定位，奥克利力图在访谈过程中表达出她对于研究参与者隐私和福祉的关怀，当研究参与者询问她的意见或建议时，她会恳切响应；当研究参与者因为接受访谈牺牲了做家事或从事母职的时间，奥克利也会一起动手帮忙家事或母职工作。奥克利尽力让她的研究参与者明白她不想当一个光是采集资料的、剥削的研究者，而是她们的朋友。奥克利认为访谈者这种非等级性的个人化投入，正是"人们得以互相了解并接纳别人进入他们生活的条件"。(1981：58)

谁看谁？去"看"就是一项特权

研究者/访谈者与研究参与者，两者都是身怀社会历史与个人历史的人，并不是如实证主义所假设的，在铭刻了各种复杂的权力与利益纠葛的真实世界中，"访谈"得以开辟出一块真空、不受"污染"的纯净空间，然后在一个受过良好训练、表现"节制"并且"合宜"的访谈人员的"审慎的"关注及提

---

① 奥克利 (1981) 的母职研究是一个纵贯研究，从研究参与者怀孕到生产后，一共会接受四次访谈。该项研究一共访谈了 55 位母亲。

问下，研究参与者的"真实"得以被揭露出来。诚如法恩、韦斯和韦森等（Fine, Weis & Weseen et al., 2000: 108）所言：

> 在社会科学中，无论是历史上还是现在，研究者和研究对象之间的关系都"在社会科学文本中被隐藏起来，保护了特权，确保了距离，并且掩盖了矛盾"（Fine, 1994, p.72）。长期以来，人们倾向于将社会科学观察者的自我视为潜在的污染物，需要被隔离出来，中立化，最小化，标准化，并且加以控制。

如果我们将遮掩、隐藏研究者与被研究者之间社会关系矛盾的神秘布幕掀开来，我们其实不难发现：中产阶级的学术精英，与经常成为社会科学界之研究对象的边缘化群体，乃是经由复数形式的主导社会政治经济体制，而被分配到不同的社会位置，并且决定了是谁有权力去"看"谁，以及观看的结果将如何被主导秩序所使用。

有些女性主义学者对于权力与知识如何交汇非常敏感，坦承自己与所研究的女性之间确实是一种特权关系（Rose, 1997）。吉莉安·萝丝（Gillian Rose）的论文针对女性主义学者对于这个议题的反思与告白做了一些回顾整理。我们可以将相关的要点简述如下，研究者通常拥有较高的阶级地位、教育程度，并且享有较好的物质条件，而这些优势，在多数的情况下，都是其研究对象们难以望其项背的。而前述的优势条件，一方面造就了物质层面的不平等，另一方面则构成了生命机会上的差异，并且将研究者与其所研究的女性隔离开来。

而"观看"本身，并不如实证主义取向，或不够有政治敏感度的研究者所以为的，只是一种求取社会真相，或生产知识的方法。它经常服务于"规范化"（Normalize）被研究群体的目的（Foucault, 1975；游惠贞译, 2000），而不管研究者本人对此是否有清晰的意识。因此，也就无怪乎唐娜·哈拉维

（Donna Haraway，1991）会说，观看本身不仅仅是一种关于"看"的权力问题而已，而且其中还经常隐含着一种暴力（violence）。

沿着"观看"的权力议题往下发展，回到访谈的现场，还会有"谁"才是承担自我揭露的责任以供科学审视的问题。人类学家露思·贝哈（Ruth Behar）在其《解译女人》（*Translated Woman*）这本书中喟叹："我们要求其他人揭露，但我们自己揭露得很少，或根本没有；我们使其他人变得脆弱，但我们自己仍然无懈可击"（引自 Fine，Weis，Weseen & Wong，2000：109）。

然而，在权力凝视下的研究参与者是否全然是被动接受宰制的一方？对我来说，将研究参与者想象成砧板上待宰的鱼肉则可能过于轻视了研究参与者的主体性和能动性。稍后我们会回头来处理这个问题。

议程设定的权力

看过 2015 年发行的"史丹佛监狱实验"电影的观众，很难不注意到实验主持人相较于实验参与者的"高高在上""主宰一切"的姿态。一般的心理学实验很少像史丹佛监狱实验一样冒了这么大的伦理风险，引发这么多的道德争议，但所拥有的共同精神是，研究者负责设定研究的所有程序与"内容"，研究参与者所要负责的就是"做出反应"而已。事实上，史丹佛监狱实验并不是一个"严格科学"定义上的典型的心理学实验，因为一方面缺乏控制组，另一方面则是没有设置具体可以量化测量的依变项。一般而言，审慎规划的依变项将研究参与者的反应种类和范围，全都预先设定好了，实验参与者的自主反应事实上并不那么"自主"和"自由"。

相形之下，质性访谈的研究参与者的自主性可谓高出甚多，他们会在访谈过程中说出什么样的内容，做出什么样的揭露，经常不是质性研究者所能够事先规划或预测的，而这也正是质性研究的宝贵之处。质性访谈这种研究方法特别适用来探究人类经验与内在生活的丰富性与复杂性。然而，许多重视研究伦理的学者们仍旧十分关切因为研究者操持了访谈议程的设定所造成的权力倾斜的问题（如 Duncombe & Jessop, 2012；Rose, 1997；Stacey, 1991）。举例来说，麦克拉菲蒂（McLafferty）对于研究人员如何在议程的设定以及最终的访谈/研究结果的诠释上居于掌控的位置有清晰的描绘：

> 除了极少数的例外，研究者都拥有一个"特权"（privileged）的地位——决定要问什么样的问题、引导话语的流动、解释访谈和观察的数据，并且决定应该要用什么样的形式或者在何处发表。（引自 Rose, 1997：307）

另外，古布鲁姆和霍尔斯坦（Gubrium & Holstein, 2002）则批评研究问题和分析架构都是基于研究人员的研究兴趣而设定的，研究参与者的意见或经验未必能透过这个方式被很好地理解。

访谈中的动态权力流转

另一方面，也有越来越多的研究者质疑权力关系并不是如此静态的东西，并且研究对象也不总是权力天平中弱势的一方。许多质性访谈工作者在研究过程中的经历，揭示了访谈关系中的权力动态。首先，如果我们把镜头拉远一点，把访谈研究招募研究参与者的历程也拉进来看，我们事实上很容易发现，潜在的访谈对象拒绝接受访谈的邀请，并不是什么罕见的事情。访谈对象拒绝的原因可能不一而足，但某种拒绝"知识权力"凝视的心理动力，应该扮演了重要的角色。不论出于什么样的原因，潜在访谈对象的"拒绝"，都代表权力的天平是向他们这一边倾斜的。另外，即便研究对象接受了访谈，理论上一直到研究著作问世或出版之前，他们都有随时退出研究，不让研究者使用其访谈数据的权力。而且，在对研究结果进行效度检验的过程中，参与检验的研究参与者同样可以行使"伦理原则"所赋予他们的权力，否定研究者对于他们生活的解读，或者提出更多不同的意见。这些都是现行的研究伦理规范对于研究参与者的保障。某种程度上这个机制试图防止访谈者与研究参与者之间的权力关系过于失衡，同时也保留了两者之间的权力关系动态发展的空间。

其次，将镜头聚焦到访谈的现场，亦不如某些质性研究者所以为的，有某种僵固的权力阶梯横亘在访谈者与研究参与者之间，而访谈者总是位于较高的阶层。相反地，许多学者经历了研究参与者以各种方式来抵抗访谈者所欲营造的访谈关系或提问，甚至刻意表现出某种敌意或恫吓，这些形式不同的作法皆可能意图，并且实质上扭转了权力的流向（如 Collins，1998；Duncombe & Jessop，2012；Edwards & Holland，2013；Fletcher，2017；Foster，2013；Hoffman，2007）。

没有得到"答案"的"问题"

我们先前已经提到，访谈的主旨及框架是由研究者所设定的，这大约是很难被否认的一项事实，然而，诚如爱德华兹与荷兰（Edwards & Holland，2013）所说的，研究者的问题如果没有得到研究参与者的响应也是没有价值的。佛斯特（Foster，2013）借用了意大利名导安东尼奥尼的电影《过客》（The Passenger）中一则关于访谈的场景，来揭示聪明的研究参与者如何对访谈者的提问进行反击（当然，关于姿态的描述，显然是加上了佛斯特本人的诠释）。这段"对话"（包括意在言中的"沉默"及非语言讯息）实在太过精妙，值得我们在此长段引述。

洛克（旁白）：昨天，当我们在村子里给您拍摄影片时，我明白您是从小就被培养要成为巫医的？

非洲人的脸仍然毫无表情。他没有回答。

洛克（旁白）：像您这样的人在法国和南斯拉夫待了几年，是否不寻常？

非洲人笑了，但没有回答……

洛克（旁白）：这是否改变了您对部落某些习俗的态度？

非洲人仍旧没有回答，看起来似乎正在试图理解洛克的提问中所隐藏的其他东西。

洛克（旁白）：他们不是正在攻击您是假的吗？也许这对部落来说是不对的？

非洲人第一次动了。他低头看着自己的手，然后再次抬头看着摄影机。

非洲人（用令人惊讶的流利英语刻意并且缓慢地讲）：洛克先生，您的所有问题都有完全令人满意的答案……但我认为您不了解您从它们那里所学到的东西是多么的少。

停了一会儿。非洲人再次微笑。他说话，但似乎必须要很费力。

非洲人：相较于我的答案所揭露的我，您的问题对您自身的揭露要多得多。

洛克：我所说的都是诚心诚意的。

非洲人凝视着镜头。然后他再度开口。（Foster，2013：147）

这个案例清晰地反驳，并且逆转了"提问者与被问者之间主宰与服从的非对称关系"这个常见的观点（Foster，2013：148）。但还有更多值得探究的是关于访谈过程中，对于"言下之意"的"意会"问题。这名研究参与者，这名巫医，看穿了访谈者所有这些"问题"的"言下之意"，并以沉默或者微笑来"回答"，可惜在现场的访谈者似乎反而没有"意会"。确实我们在访谈过程中，有时候会错失对研究参与者语言和非语言线索的解读，而一如洛克般，执着于从研究参与者口中得到"明确的语言数据"来印证我们脑中的"先见"。

或许，有人会争辩说不是所有研究参与者都如上述案例中的巫医那么聪明睿智。但一如著名的"需求特性"（Demand Characteristics）这个概念及其相关研究所透露的，实验参与者经常试图揣度研究者的实验意图。① 况且，连我们在自身的日常生活通俗剧中也常常同时针对彼此沟通过程中的"字面意义"与"言外之意"做出反应，"讽刺"（《国语辞典》的解释是："以隐微的方式嘲讽讥刺"）之所以经常催化了人际关系中的矛盾，殆非偶然！因此，不需要特别聪颖的研究参与者才具备"意会"访谈"问题"——包括前台的台词以及隐含的涵义——的企图和能耐。

研究参与者自身的欲望与需求

以弗莱彻（Fletcher, 2017）的研究为例，两位研究参与者主张自己是在接触国际非政府组织前因缺乏艾滋预防知识才染病的。但两者却又在访谈中透露了这样的信息：他们在接触国际非政府组织前就已经具备了很多关于保险套和艾滋病的知识，而且他们是在与国际非政府组织接触之后才变成HIV阳性的。我们到底要如何理解这两位研究参与者的"漏洞百出"呢？

从古典的实证主义或现实主义的观点来看，一种解读的方式，就是径自解读成两位研究参与者在"说谎"。然而，随着社会人文科学界的语言学转向，

---

① 社会心理学实验屡被批评为使用了太多"欺骗"，但这些欺瞒正是为了克服研究参与者的需求特性而做出的努力。

我们不再轻易地把语言看成是透明的，只是揭露个体内外在现实的一种工具，而可以将语言概念化为"生产性的"和"表演性的"。这种关于语言的新视角，有时候关切人们使用话语来"做"（do）什么，举例来说，可以是为了申辩、说服、否认，或者是表达需求等作用（Willig, 2003）。从这个角度出发，则两位研究参与者的"说谎"变得可以理解，他们意识到自己成为弗莱彻这位艾滋预防专家及其研究所凝视以及规范的对象，意图制造自己的"不知情"（缺乏艾滋预防的知识）以及"乖顺"（"坏行为"都发生在与国际非营利组织接触之前）以保全自己的尊严。某种程度上来说，他们的"不一致"也可以看成是：对于将其当作知识客体并试图将之规范化的访谈者及其所代表的主导权力所做出的抵抗。

确实，研究参与者自身的欲望或者需求，会在参与质性访谈的过程中作用出来，他们并不是被动地随着访谈者的兴趣、欲望，或者目标起舞而已。正如科林斯（Collins, 1998：9）所论述的，研究参与者对于访谈有其自身的动机、需求及目的，他们有想要向某些特定人士，或者是既抽象又仿佛实质存在的"社会"发话的欲望，而且也会使用访谈者或者是访谈来达到他们所欲求的目的，让访谈为他们服务。

> 再自然不过的，受访者有自己的议程；他们并不总是讲述整个故事（偶尔，他们讲的不仅仅是整个故事）；有时受访者非常热衷于要求他们告诉我的东西"绝对不能外泄"，或者要我将他们的评论转告给其他人（有时候是特定的他人，有时候不是）……无论出于什么样的原因，他们总是非常明显地控制了他们所提供的信息，即便如高夫曼（Goffman）所说的，他们并不总是能够控制他们给出了什么样的讯息。

我在研究所开设"质性研究课"多年，作为质性研究新手的研究生们最苦恼、最常发问的问题清单中，几乎总是包含了这个项目："受访者如果离题了要怎么办？"对访谈者而言的"离题"，或许正可以看成是研究参与者有自身的欲望或需求想要透过访谈来表达的一个线索。新手访谈者的煎熬是：一方面担心如果打断研究参与者的谈兴，会不会损害关系；另一方面，则又焦虑于似乎应该赶快回到"轨道"（即事先准备好的访纲）上，才是正途。从"离题"一词的使用，以及访谈者对此的烦恼与犹豫，我们可以看到访谈者预设了他/她才是那个在访谈过程中掌握议程和谈话节奏的人①，但研究参与者的"离题"/逸出，显示出研究参与者不全然"受控"，也就是说访谈过程中的权力并不总是全然掌握在访谈者手中。

敌意、恐惧，与控制

有时候，会发生程度更加严重的权力关系"逆转"的时刻，比如说研究参与者明显在访谈过程中表现出对于访谈者的敌意或恫吓；或者是研究参与者并无意图恐吓访谈者，但研究参与者所讲述出来的信念或者经验，仍然造成了访谈者的惊愕或恐惧。在布利（Blee，1998）探究种族主义活动家（racist activist）的研究中，她感受到这些积极参与暴力活动的研究参与者似乎有意引发她的恐惧，借以展示他们的力量。许斯特里琳娜（Shesterinina，2018）针对政治暴力及战争参与者所进行的访谈，则提供了另外一则清楚的案例。许斯特里琳娜坦承她可以同理某些在战争中非自愿参与暴力行动的研究参与者，但对另外一些在战后持续进行暴力行动的研究参与者来说，她不仅无法同理他们，甚至不信任他们。许斯特里琳娜在聆听这些战后的持续暴行经验时，感受到一种深刻的恐怖，而她的恐惧阻碍了她的访谈，她不敢追问敏感的问题以免激怒

---

① 当然这里的访谈者预设是受到超越于特定一组具体的访谈关系之外的，更大的访谈体例所支撑的，而不是个别访谈者自己凭空这样假定。

她的研究参与者。

上述两个案例的研究参与者都是设定为卷入"暴力"活动中的特殊团体，一般的访谈者未必有机会遭遇这样强烈的权力关系逆转及情感冲击的时刻。然而，访谈关系既是一种特定的社会关系（Birch & Miller, 2000），同时又不可避免受到访谈者与研究参与者之间既存之多重社会关系的影响（Edwards & Holland, 2013）。因此，既定社会关系中的权力结构亦会渗透到访谈过程中，与访谈体例所预设的偏向访谈者的权力动力，产生相互加乘、角力、协商、冲撞或折抵的种种作用，而激荡出更加复杂的权力动态。举例来说，在男性仍然较具主导地位的社会中，有些女性访谈者有可能会在访谈的过程中，遭遇到某些男性研究参与者想要掌控访谈的动力之情形（Lee, 1997；McKee & O'Brien, 1983；Schwalbe & Wolkomir, 2001）。

结论

许多女性主义学者及拥有相似立场的质性研究者，针对质性研究及访谈中的权力议题进行反省之后，开启了新的一页，致力于维持并且推广一种在伦理上，以及认识论上，都被认为比较好的访谈关系：一种访谈者与研究参与者之间更加对等的非等级化关系。然而，这样的立场与努力虽然立意良善，但受到了许多的挑战。

访谈关系也是一种社会关系，并不是什么自外于我们的现实生活世界的一个"空中楼阁"。访谈者和研究参与者两者皆置身于多层次相互作用或套叠的历史及社会处境中的不同位置，其相对的权力关系受到各层次主导秩序（如访谈体例、知识生产体制、性别体制、教育体制、功绩主义等）之规范（规范不等同于宰制，总是存在着变异、穿刺、反抗，或者超越的空间）。因此，个别访谈者针对一组特定的访谈关系所做出的努力，并不能让这些铭写在个体身上的社会巨观力量自动脱落。假想只要穷尽我们的努力，就可以让我们的研究参与者与我们拥有对称性的权力关系，与我们平起平坐，将如吉利斯和艾德雷德（Gillies & Alldred, 2012）所说的，恐怕只是充满善意的质性研究者的一种过于天真乐观的想象（Gillies & Alldred, 2012）。

另一方面，夸大研究者在质性访谈过程中对于研究参与者的权力压制，或者宰制，想象权力都一面倒地掌握在研究者手上，恐怕也偏离了现实的状况。如本文稍早前所论述的，研究参与者亦有他/她自身的需求、欲望，或目的，想要透过访谈来表达或实现，因此，访谈中的议程与动力，并非片面由访谈者所全权决定的。研究参与者可以暗中破坏访谈者的议程，如透过沉默或者透过"没意见""不知道""抱歉，这个我不清楚""我不记得了"等保留意见的说法，来让访谈者的问题无法发挥作用。亦可以透过离题的方式，明显地"偷渡"自身的欲望与目的。此外，针对访谈者在访谈过程中所表达的对于问题的理解和诠释，研究参与者还可以透过或明或暗的驳斥，或者是表达出反对意见，来争夺对于问题的诠释权。

有些从事质性访谈研究的学者，甚至会在其访谈过程中体验到较为强烈的权力关系逆转的时刻，而这些令访谈者感受到恐惧、惊吓，甚至身心受到威胁的经验，有些时候确实是研究参与者刻意营造的结果。

总而言之，质性访谈中访谈者与研究参与者之间的权力关系，绝非一种固着的，注定只能往访谈者倾斜的静态关系。我们应该如科林斯所建议的，"接受访谈是一种高度复杂的社会互动"（1998：12），并且认识到两个具有多重身份的个体在一段具体的访谈关系中所施展的协商权力的各种努力，不可避免地与他们相互间既存的真实世界中的多重社会关系（如：阶级的、种族的、性别的、年龄的……）交织缠绕，进而激荡出更加复杂的权力动态。

作为一个研究者，他/她终究将是最终负起分析、解释、编辑，书写成论文，并且向这个世界公布研究成果的主体，他/她应该扛起的责任是：认识访谈者—研究参与者之间的权力动态的复杂性,"在整个研究过程中始终觉察权力的作用"(Harvey, Brown, Miller, Williams-Reade, Tyndall & Murphy, 2016:139),并且认真地针对访谈过程中的权力动态进行反映与思考,并将之当成理解研究参与者、理解议题,甚至理解作为访谈者的我们自身,一种特别珍贵的素材,一扇引领我们开发崭新认识的窗口。因此,我们应该鼓励一种论文书写的新形式,这种书写方式是与我们先前所介绍的,关于质性访谈新的认识论同步的。既然访谈所得到的"资料",不再是对于研究参与者内在状态、经历,及其对自身、他人与世界之态度的一种"发现",而是在特定情境之下,研究参与者与访谈者在各种社会关系与访谈体例的共同作用下,协商而"生产"出来的东西,那么,访谈过程中的权力动态对于"访谈所得"所产生的影响,就应该是我们在分析、诠释数据的过程中必须要纳入,并且在最终的论文中得到说明与呈现的要件了。

参考文献

Alldred, P., & Gillies, V. (2012). Eliciting Research Accounts: Re/producing Modern Subjects? In T. Miller, M. Birch, M. Mauthner & J. Jessop (Eds.), *Ethics in Qualitative Research* (pp. 140 – 156). London: SAGE.

Atkinson, P., & Silverman, D. (1997). Kundera's Immortality the Interview Society and the Invention of Self. *Qualitative Inquiry*, 3 (3): 304 – 325.

Birch, M., & Miller, T. (2000). Inviting Intimacy: the Interview as Therapeutic Opportunity. *International Journal of Social Research Methodology*, 3 (3), 189 – 202. https://doi-org.autorpa.lib.fju.edu.tw/10.1080/13645570050083689

Blee, K. M. (1998). White-knuckle Research: Emotional Dynamics in Fieldwork with Racist Activists. Qualitative Sociology 21 (4): 381 – 399.

Collins, P. (1998). Negotiated Selves: Reflections on 'Unstructured' Interviewing, Sociological Research Online, 3 (3): www.socresonline.org.uk/socresonline/3/3/2.htrnl.

Denzin, N. K., & Lincoln, Y. S. (2000). Introduction: the Discipline and Practice of Qualitative Research. In N. K. Denzin and Y. S. Lincoln (Eds.), *The SAGE Handbook of Qualitative Research* (1 – 28), London: Sage, 2nd edn.

Denzin, N. K., & Lincoln, Y. S. (2018). Introduction: the discipline and practice of qualitative research. In N. K. Denzin and Y. S. Lincoln (Eds.), *The SAGE Handbook of Qualitative Research* (1 – 26), London: Sage, fifth edn.

Duncombe, J, & Jessop, J. (2012). 'Doing Rapport' and the Ethics of 'Faking Friendship'. In T. Miller, M. Birch, M. Mauthner, & J. Jessop (Eds.), *Ethics in Qualitative Research* (pp. 108 – 119). London: Sage.

Edwards, R. & Holland, J. (2013). *What is Qualitative Interviewing*? London, GB: Bloomsbury Academic.

Fine, M., Weis, L., Weseen, S., & Wong, L. (2000), For Whom? Qualitative Research, Representations, and Social Responsibilities. In N. K. Denzin and Y. S. Lincoln (Eds.), The SAGE

Handbook of Qualitative Research (107 – 131), London: Sage.

Fletcher, G. (2017). Accommodating Conflicting Realities: The Messy Practice of Ethical (Self) Regulation. *International Journal of Social Research Methodology*, 20 (3), 275 – 284. Retrieved from http://search.ebscohost.com.autorpa.lib.fju.edu.tw:2048/login.aspx?direct=true&db=eric&AN=EJ1189868&lang=zh-tw&site=ehost-live

Fontana, A., & Frey, J. H. (2000). The Interview: From Structured Questions to Negotiated Text. In N. K. Denzin, & Y. S. Lincoln (Eds.), *Handbook of qualitative research* (2nd ed., pp. 645 – 672). Thousand Oaks, CA: Sage.

Forsey, M. (2012). Interviewing Individual. In Delamont, S. (ed.) *Handbook of Qualitative Research in Education* (364 – 376). Cheltenham: Edward Elgar Publishing.

Foster, S. W. (2013). What Is "the Question"? Anthropology & Humanism, 38 (2), 146 – 159.

Foucault, M. (1975). *Discipline and Punish: the Birth of the Prison.* New York: Random House.

Gillies, V. & Alldred, P. (2012). The Ethics of Intention: Research as a Political Tool. In T. Miller, M. Birch, M. Mauthner, & J. Jessop (Eds.), *Ethics in Qualitative Research* (pp. 43 – 60). London: Sage.

Greenwood, D. & Levin, M. (2000). Reconstructing Relationships between Universities and Society Through Action Research. In N. K. Denzin, & Y. S. Lincoln (Eds.), *Handbook of Qualitative Research* (2nd ed., pp. 85 – 106). Thousand Oaks, CA: Sage.

Gubrium, J. F., & Holstein, J. A. (2002). From the Individual Interview to the Interview Society. In J. F. Gubriu (Eds.), *Handbook of Interview Research* (pp. 3 – 32). London: Sage.

Hammersley, M. (2003). Recent Radical Criticism of Interview Studies: Any Implications for the Sociology of Education? *British Journal of Sociology of Education*, 24: 1, 119 – 126.

Haraway, D. J. (1991). *Simians, Cyborgs, and Women: The Reinvention of Nature.* New York: Routledge.

Harvey, R., Brown, K. S., Miller, B., Williams-Reade, J., Tyndall, L., & Murphy, M.

(2016). Theory into Research Practice: Reflections and Recommendations on Collaborative Feminist Research. *Journal of Feminist Family Therapy*, 28 (4), 136 – 158. https://doi-org.autorpa.lib.fju.edu.tw/10.1080/08952833.2016.1235410

Holstein, J. A. & Gubrium, J. F. (1997). Active Interviewing. In Silverman, D., Ed., *Qualitative Research Theory, Method and Practice* (113 – 129). London: Sage

Jones C. (1991). Qualitative Interviewing. In G. Allen and C. Skinner (Eds.), *Handbook for Research Students in the Social Sciences* (pp. 203 – 214). London: Falmer Press.

Kuhn, T. (1996/1962). *The Structure of Scientific Revolutions.* Chicago: University of Chicago Press.

Kvale, S. (1994). Ten Standard Objections to Qualitative Research Interviews. *Journal of Phenomenological Psychology*, 25 (2), 147 – 173.

Lee, D. (1997). Interviewing Men: Vulnerabilities and Dilemmas. *Women's Studies International Forum*, 20 (4), pp. 553 – 564.

McKee & O'Brien (1983). Interviewing Men: Taking Gender Seriously. In Eva Gamarnikow, David Morgan, June Purvis, & Daphne Taylorson. (Eds.), *The Public and the Private* (pp. 147 – 161). London: Heinemann.

Miller, T., Birch, M., Mauthner, M. & Jessop, J. (2012). *Ethics in Qualitative Research* (2nd). London: Sage.

O'Grady, E. (2016). Research as a Respectful Practice: An Exploration of the Practice of Respect in Qualitative Research. *Qualitative Research in Education*, 5 (3), 229 – 254. Retrieved from http://search.ebscohost.com.autorpa.lib.fju.edu.tw:2048/login.aspx?direct=true&db=eric&AN=EJ1118404&lang=zh-tw&site=ehost-live

Oakley, A. (1981). Interviewing Women: a Contradiction in Terms. In H. Roberts (ed.) *Doing Feminist Research* (pp. 30 – 61). London: Heineman Educational Books.

Padfield, M., & Procter, I. (1996). The Effect of Interviewer's Gender on the Interviewing Process: A Comparative Enquiry. *Sociology*, 30 (2), 355 – 366.

Potter, J. & A. Hepburn. (2005). Qualitative Interviews in Psychology: Problems and

Possibilities. *Qualitative Research in Psychology*, 2: 281 – 307. http://dx.doi.org/10.1191/1478088705qp045oa

Rose, G. (1997). Situating Knowledges: Positionality, Reflexivities and Other Tactics. *Progress in Human Geography*, 21 (3), 305 – 320.

Schwalbe, M, & Wolkomir, M (2001). The Masculine Self as Problem and Resource in Interview Studies of Men. *Men and Masculinities*, 4 (1), pp. 90 – 103.

Shesterinina, A. (2019). Ethics, Empathy, and Fear in Research on Violent Conflict. *Journal of Peace Research*, 56, 190 – 202.

Silverman, D. (2006). *Interpreting Qualitative Data: Methods for Analyzing Talk, Text, and Interaction*. London: Sage.

Stacey, J. (1991). Can there be a Feminist Ethnography? In S. B. Gluck & D. Patai (Eds.), *Women's Words: The Feminist Practice of Oral History* (pp. 111 – 119). New York: Routledge.

Willig, C. (2003). Discourse Analysis. In Jonathan Smith (Ed.), *Qualitative Psychology: A Practical Guide to Research Methods* (pp. 159 – 183). London; Thousand Oaks, Calif.: Sage Publications.

Paula Rabinowitz (2000). 谁在诠释谁：纪录片的政治学（游惠贞，译）. 台北：远流出版社.

Power Relations in Qualitative Interviews

Chang Tsz-Yi

(Department of psychology, Fu Jen Catholic University, 24205)

／Abstract／

It is believed that the outcome of a qualitative interview is the result of interaction and negotiation between a specific interviewer and a specific interviewee under a specific context, and this belief is increasingly accepted. In this interactive negotiation process, there are many levels of factors that will influence the outcome of the interview. Among these many factors, this article focuses on the "power relationship" in qualitative interview research, in order to explore: how does the factor of "power" work during the whole process of interview? And how should qualitative researchers face it? Some feminist scholars advocate that the interviewer should build with the interviewee a non-hierarchical relationship, which not only has ethical meaning but also has methodological significance, which will allow the interview to better perform its inquiry function. But this position has since been challenged. Although the interviewer has the power to "look" at the interviewee and set the agenda, the interviewer also has his/her own needs, desires, or goals, which he/she wants to express or achieve through the interview, and the power relationship in the interview cannot go operate independent from the outside real world. Therefore, the researcher should be aware of the operation of "power" throughout the entire research process, and to reflect on the power dynamics of the interview, taking it as an important window of our understanding of the research participants, research issues, and ourselves.

／ Keywords ／

qualitative interviews, interview relationships, epistemology, power, feminism

从王国维《〈红楼梦〉评论》试探其自杀的原因[*]

贺 岩[**]

（咸阳师范学院文学与传播学院，陕西咸阳，712000）

/ 摘 要 /

20世纪国学大师王国维的《〈红楼梦〉评论》，是中国文学批评史上第一次运用西方哲学理论研究中国古典文学作品的专著，其所具有的比较文化国际视野、所开创的东西方文化融合研究范式，在中国近代文化史上具有开创性的典范意义。而王国维在学术盛年选择自沉昆明湖谢世，学术界对其自杀原因也多有探讨。本文应用"心理传记学"方法，主要研究王国维的《〈红楼梦〉评论》，并结合有关王国维的其他文献资料，探析其自沉悲剧的心理根源，呈现王国维在《〈红楼梦〉评论》中隐含着的潜意识自杀心理，说明王国维《〈红楼梦〉评论》的结论"故曰《红楼梦》一书，彻头彻尾的悲剧也"，实际上是

---

[*] 基金项目：咸阳师范学院校级项目"《红楼梦》的神话研究"（项目批准号：XSYK18045）
[**] 通讯作者：贺岩，讲师，博士，E-mail：1928446281@qq.com

王国维对自己人生的切实感受和总结，最终达到对王国维本人及其《〈红楼梦〉评论》的深度理解。

／关键词／

心理传记学，王国维，自杀的原因，《〈红楼梦〉评论》

王国维，生于1877年，1927年6月2日自沉昆明湖。字静安，号观堂，浙江海宁人，是我国近代享有国际声誉的国学大师，在甲骨文、历史学、哲学、文学批评、戏曲史等领域均有精深研究。一生研究成果丰硕，共有著述62种，分别收于《静庵文集》《海宁王静安先生遗书》《观堂集林》。

一、王国维的《红楼梦》研究

早在20世纪初，即1904年（光绪三十年），王国维在《教育世界》第8、9—13期连载其《〈红楼梦〉评论》初稿五章内容，至1905年11月出版。《〈红楼梦〉评论》是红学史上第一部真正意义的红学研究专著，自面世以来，影响力至今不衰。《〈红楼梦〉评论》是中国文学批评史上第一次运用西方哲学理论、美学观点来研究中国古典文学作品的专著，其所具有的比较文化国际视野、其所开创的东西方文化融合研究范式，在中国近代文化史上具有开创性的典范意义。其见解之高，更是前所未有，至今影响深远，是红学史上的一座里程碑。

其实，早在蔡元培《石头记索隐》出现之前，王国维《〈红楼梦〉评论》第五章就明确指出旧红学附会、索隐本事之根本谬误（俞晓红，2004）。

自我朝考证之学盛行，而读小说者，亦以考证之眼读之。于是评《红楼梦》者，纷然索此书之主人公之为谁：此又甚不可解也。夫美术之所写者，非个人之性质，而人类全体之性质也。惟美术之特质，贵具体而不贵抽象。于是举人类全体之性质，置诸个人之名字之下。譬诸"副墨之子""洛诵之孙"，亦随吾人之所好，名之而已。善于观物者，能就个人之事实，而发现人类全体之性质；今对人类之全体，而必规规焉以求个人以实之，人之知力相越，岂不远哉？故《红楼梦》之主人公，谓之贾宝玉可，谓之"子虚""乌有"先生可，即谓之纳兰容若，谓之曹雪芹，亦无不可也。（王国维，2017：20）

面对当时红学的索隐主潮，王国维对于《红楼梦》作为一部小说的艺术性，有着独立清醒、高瞻远瞩的见解，说明文学艺术创作的抽象性、典型性，正合鲁迅所说的"杂取种种，合成一个"（肖荣、陈坚，1979：19），认为"规规焉以求个人以实之"（王国维，2012：23）的索隐做法是背离艺术作品本身的，是不足取的，哪怕这索隐的对象是曹雪芹也一样。虽然王国维（2012：27）在后文中明确指出："苟知美术之大有造于人生，而《红楼梦》自足为我国美术上之唯一大著述，则其作者之姓名，与其著书之年月，固当为唯一考证之题目。"

但是，王国维的本意是《红楼梦》是我国文学史上"唯一大著述"这样绝佳的文学艺术作品，"大有造于人生"，所以，对于它的作者，王国维（2012：11）认为应该深怀感激之情：

我辈之读此书者，宜如何表满足感谢之意哉！而吾人于作者之姓名，尚有未确实之知识，岂徒吾侪寡学之羞，亦足以见二百余年来吾人之祖先，对此宇宙之大著述，如何冷淡遇之也！谁使此大著述之作者，不敢自署其名？此可知此书之精神，大背于吾国人之性质，及吾人沉溺于生活之欲，而乏美术之知识，有如此也。然则予为此论，亦自知有罪也。

也就是说，王国维（2012）认为，对于曹雪芹的考证，核心的意义在于他是《红楼梦》的作者，因为《红楼梦》本身的绝高艺术价值、对于社会人生的精神意义，所以，其作者应该得到应有的尊重和感恩，这体现了王国维高尚的人文情怀。然而，事实却是作者的湮灭不可知，王国维由此强烈地感受到《红楼梦》作品的精神内涵与我国传统主流思潮的不兼容，这才是作者湮灭无闻的真正原因。王国维（2012）的悲叹实际上也是他对中国传统主流文化的深深遗憾。一代国学大师，又有过日本留学经历，精通几门外语，深研西方哲学，在比较文化的国际视野下，审视传统文学，发现了《红楼梦》高绝的艺术性和人文内涵。然而，《红楼梦》作者甚至都不敢署名的实际境遇，令王国维不得不重新审视传统主流文化与社会生活，看到中国传统文化生活的缺陷，看到国人精神的匮乏，再面对自己作为国人中的一分子，产生深刻的自罪感！

总之，王国维（2012）对于曹雪芹的态度，定位始终是明确的，就是作为《红楼梦》的作者：一方面，王国维对于后来的考证派红学有着早期的启蒙、指引作用；另一方面，王国维（2012）完全否定将《红楼梦》的主角坐实为纳兰性德或者曹雪芹，而是将其作为来源于生活而高于生活的艺术形象，强调其对于人类整体共性的艺术感染力。即便在100多年后的今天看来，王国维（2012）的见识也是准确深远的，而且，具有开阔的国际视野。今天，《红楼梦》早就不仅仅是我们中国文化的瑰宝，在国际上也越来越享有盛誉，这样的现实该是王国维不会感到惊讶的！

二、由王国维红学观试探其自沉之谜

王国维（2012）借鉴叔本华的"悲剧说"，认为《红楼梦》是"悲剧中之悲剧也"（王国维，2012：14），即悲剧中最极致的一种：

> 由于剧中之人物之位置及关系,而不得不然者,非必有蛇蝎之性质,与意外之变故也,但由普通之人物,普通之境遇,逼之不得不如是。……彼示人生最大之不幸,非例外之事,而人生之所固有故也。……由此种种原因,而金玉以之合,木石以之离,又岂有蛇蝎之人物,非常之变故行于其间哉?不过通常之道德,通常之人情,通常之境遇为之而已。(王国维,2012:14)

比起"蛇蝎恶人"和"离奇命运"所能造成悲剧的罕见性,这样的悲剧具有广泛的普遍性,甚至是人人所"固有"而"非例外"的事情,也就是说,人人都会自然而然走入这样的悲剧中,莫能逃遁。而这悲剧的根源正是所谓通常之道德、人情、境遇,即文化潜移默化下的世故人情、道德风俗。这里,有着王国维(2012)对传统文化的敏感察觉,但可惜的是,王国维(2012)并没有就此深刻反思、剖析传统文化的弊端究竟怎样一代代传承、自然而然造就如此人人不能幸免的普遍人生悲剧,进而如胡适1918年发表于《文学进化观念与戏剧改良》一文中所说:"使人觉悟家庭专制的罪恶,使人对于人生问题和家族社会问题发生一种反省。从文化、社会生活中切实实现西方'悲剧观念'。"(宋广波,2005:10)

对中国传统文化弊端的医治疗救作用,这也就是胡适所说的比较文学研究的一种大益处(宋广波,2005)。这实际上也正是即将到来的新文化运动的历史使命。

王国维(2012:10)认为:"宝玉之苦痛,人人所有之苦痛也。其存于人之根柢者为独深,而其希救济也为尤切。"

王国维(2012)认为贾宝玉的痛苦,是人人之所难免的痛苦,而且是出自于人性深处的深刻痛苦,对于这痛苦,每个人的内心都希望得到拯救。王国维(2012)没有去挖掘造成这样普遍悲剧的社会制度、文化根源,但是,他深切地感受到了这种悲剧的普遍性。很明显，王国维实际上等于是间接地承认了他自己也是这深陷人生痛苦中的一员。更准确地说，这样的认识正是基于自己对于人生痛苦本质的深刻体悟，表面上出自叔本华的哲学，而实际上，正如王国维（2014b）在其《静庵文集》自序中认为："其立论全在叔氏之立脚地，然于第四章内已提出绝大之疑问，旋悟叔氏之说，半出于其主观的气质，而无关于客观的知识。"

所谓"主观的气质"，正是人早期形成的自我独特心理模式，如果说是"客观的知识"是人人都可以通过后天学习而可能掌握的，而"主观的气质"更体现出个体先天禀赋的独特性，这种根植于生命深处的独特性，往往决定了个体后天独特的选择、感受，真正决定个体对于客观事物的本质看法。也就是心理传记学所谓的"个体性"（individuality），正是个体的独特性造就每个人最为显著的特征。从这一视角来看，叔本华的悲剧哲学，除了其所体现出来的客观知识，更主要的实质上是出自于其自我的生命感悟。同样的道理，王国维对于叔本华哲学的偏好，从心理学的角度而言，正是契合了其内心深处的早期生命体验。王国维（2014b：3）在《静庵文集》自序中坦承：

> 嗣读叔本华之书而大好之，自癸卯之夏，以至甲辰之冬，皆与叔本华之书为伴侣之时代也。其所尤惬心者，则在叔本华之《知识论》，汗德之说得因之以上窥。然于其人生哲学观，其观察之精锐，与议论之犀利，亦未尝不心怡神释也。

所谓"大好""惬心""心怡神释"，都不是客观知识的理性研习，从心理学的角度而言，正是感性生命体验的潜意识共情。实质上，出自叔本华痛苦心灵的悲剧哲学，正好让王国维潜意识压抑的痛苦自我有了外在的客观呈现，并在《〈红楼梦〉评论》中得以宣泄出来。

生活之本质何？欲而已矣。欲之为性无厌，而其原生于不足。不足之状态，苦痛是也。既偿一欲，则此欲以终。然欲之被偿者一，而不偿者什佰。一欲既终，他欲随之。故究竟之慰藉，终不可得也。即使吾人之欲悉偿，而更无所欲之对象，倦厌之情即起而乘之。于是吾人自己之生活，若负之而不胜其重。故人生者如钟表之摆，实往复于苦痛与倦厌之间者也。夫倦厌固可视为苦痛之一种，有能除去此二者，吾人谓之曰"快乐"。然当其求快乐也，吾人于固有之苦痛外，又不得不加以努力，而努力亦苦痛之一也。且快乐之后，其感苦痛也弥深。故苦痛而无回复之快乐者有之矣，未有快乐而不先之或继之以苦痛者也。又此苦痛与世界之文化俱增，而不由之而减。何则？文化愈进，其知识弥广，其所欲弥多，又其感苦痛亦弥甚故也。然则人生之所欲，既无以逾于生活，而生活之性质，又不外乎苦痛。故欲与生活与苦痛，三者一而已矣。（宋广波，2005：10—11）

出于自身生命早期体验的自我独特感受，王国维（2012）认为生活的本质就是"苦痛"，换而言之，生活就是痛苦。而这痛苦的来源借用叔本华所谓"欲"的外壳，而其细部论述则完全可以看作是王国维内在的本我心理。

首先是"不足"。王国维祖籍开封，其家族在北宋是因军功而受封，而后成为海宁巨族。明清之后，家道中落，其父王乃誉即生于贫寒，不得不弃文从商。然而，王乃誉经商之余，不忘攻读，研习书画篆刻，继承王氏家风，并不遗余力教养作为长子的王国维。王国维生于海宁，3岁丧母，由姑母代养，11岁才由父亲亲自教养。自小缺乏亲生父母的宠爱陪伴，这是王国维生而不得不承受的首要生命"不足"，也是导致王国维自小"体素羸弱，性复忧郁"（陈鸿祥，2010：9）的根本原因。"作为心理补偿，王国维在主编《教育世界》时，十分关注童年教养，还亲自翻译了《叔本华的遗传说》一书"（王炜、李朝旭，2016：157）。王国维因自小孤零，情感需求不足，所以，对于《红楼梦》的"大旨谈情",缺乏共情感悟。

但在智性教育方面,王国维却大大优于常人。他7岁入私塾,11岁由父亲亲自教授,16岁中秀才,为"海宁四才子"之首。后得罗振玉慧眼识才,得以东渡日本留学,后译著颇丰,将西方哲学、心理学、教育学等引进中国。35岁后专治经史、甲骨文、考古等枯燥精密之学,成就非凡、著作等身。例如《宋元戏曲考》《流沙坠简》等,足耀千古(王炜、李朝旭,2016)。因其超群卓绝的才学,任"南书房行走",于清华国学院执教。问题是,这样的成就能否填满生命初始的巨大情感不足?王国维(2012)对此有自己独特的生命体验,他其实在上述引文中已经回答了这个问题,即:"又此苦痛与世界之文化俱增,而不由之而减。何则?文化愈进,其知识弥广,其所欲弥多,又其感苦痛亦弥甚故也。"(王国维,2012:2)原来,在王国维的人生中,智性发展所带来的知识扩展与巨大成就,非但不能减少,反而还加重了他人生中的痛苦感,还有如钟表般来回的"倦厌"之情。王国维当然也想追求快乐,可是,就算是追求快乐的"努力"本身,在他看来,依旧是另外一种"苦痛"。就算是以"努力"的"苦痛",换来暂时的"快乐",之后紧接着的是更深的"苦痛"!所以,生活无往而不在痛苦之中,或者说人生的本质就是痛苦,这是王国维内在精神世界的真相,也是他自小忧郁的延续、弥漫与不断加深。人生于世间,首要者乃是至爱亲人的陪伴,有此,则贫寒不减欢乐;无此,则富贵形同虚设。王国维一生命运多舛,幼年丧母、早年丧父、中年丧妻、晚年又丧长子,实质上他内心的痛苦越来越深。

在这样的心理基础上,王国维看不到曹雪芹通过创作《红楼梦》精镂细刻人生中曾经拥有过的种种美好,尤其是作为男性与女性之间的各种温柔感情。因为那是他自己从来不曾感受过的。所以在他看来,《红楼梦》只是"悲剧中的悲剧"(王国维,2012:14),它的价值在于指引读者从实践和艺术两方面解脱人生痛苦。

夫如是，则《红楼梦》之以解脱为理想者，果可菲薄也欤？夫以人生忧患之如彼，而劳苦之如此，苟有血气者，未有不渴慕救济者也。不求之于实行，犹求之于美术。读《红楼梦》者，同时与吾人以二者之救济。人而自绝于救济则已耳，不然，则对此宇宙之大著述，宜如何企踵而欢迎之也。（王国维，2012：22）

这是王国维对于《红楼梦》艺术价值、精神内涵的终极价值判断，也是自我内心救赎所能找到的两种方式。其一是如贾宝玉般"悬崖撒手"主动离弃红尘；其二是如曹雪芹创作《红楼梦》式的寄情于艺术。很明显，第一种方式实际上更是写意的艺术精神境界，基本不存在可行性（就算真出家也还是世俗寺庙中的世俗和尚）；而第二种方式才是唯一具有可行性的，即寄情于艺术，就是弗洛伊德（Freud）所说的"升华"。就解脱生命痛苦这一宏观目的而言，王国维的学术研究的确可以等同于曹雪芹的《红楼梦》创作。但是，从微观心灵层面深究，王国维的学术研究是对客观知识的理性追求；而曹雪芹的创作是对自我生命故事的深情回顾。在这个过程中，导向不同的目的地：理性知识的积淀为王国维带来外在的学术成就、社会地位和显赫声名，实现其社会价值，而其内在心灵的感受却是"倦厌""苦痛"；对自我生命故事的深情回顾，尤其是对曾经拥有美好的人、情的永恒文字定格与生命升华，使得曹雪芹可以将过往的美好从自己的内心情感延伸到当下现实，能够坚强、理性面对生活实践的种种外在痛苦、不足，勇敢地从自己的内心走向现实、未来！这一切，让曹雪芹的内心滋润、饱满，虽然没有任何外在的成就、地位或者声名利益。所以，王国维的学术研究对于其心灵痛苦而言充其量是一种逃避，或者说暂时的忘却，再大的外在客观成就也无助于其内在越来越痛苦的自我生命体验，正如其《六月二十七日宿硖石》所云"人生过处唯存悔，知识增时徒益疑"（王国维，2013：53）。但就算免不了"倦厌"，这却是王国维得以生存的唯一精神所在；而曹雪芹的创作对于其内在心灵而言却是一种疗愈、生命深处的整合，可以让他拥有发自内在自我的强大生命力量去勇敢面对生活中的一切外在困顿。

王国维所处的时代，社会政治动荡、文化变革，让他无所适从。辛亥革命后，曾经东渡留学的王国维竟然重新蓄起了长辫子。1917年，张勋复辟失败，王国维在致罗振玉的信中第一次明言"北行诸老恐只有以一死谢国"（王国维，1984：197）。王炜与李朝旭（2016）在《王国维人格与自杀成因的心理传记学研究》一文中"认为至少从此时起，王国维便已有自杀意念"。

对于文学，王国维（2014b）在其《王国维自述》中坦承"余疲于哲学有日矣。……此近二三年中最大之烦闷，而近日之嗜好所以渐由哲学而移于文学，而欲于其中求直接之慰藉者也"（王国维，2014b：7）。在文学中欲求直接之慰藉，正是其《〈红楼梦〉评论》中所谓的"解脱之道"。王国维（2012）认为人生痛苦的解脱在于"出世"而不在于"自杀"，这足以说明他考虑过自杀是否是解脱人生痛苦的方式。虽然他在《〈红楼梦〉评论》中一再否定了自杀，然而，根据欧文斯·亚历山大（AlexandreOwens）1990年提出的"心理凸显性的基本指标"来检测，其中"否认"（negation）一项正合王国维对于自杀的一再否定，即"在缺乏明确理由情况下的强烈否认……'过度抗议'"（Schultz，2005/2011：57）。王国维（2012）并没有详细论证为什么"人生痛苦的解脱不在于自杀"（当然，任何文明都不会推崇自杀，可自杀的客观事实却一直伴随着人类社会），而只是强烈地一再否认"自杀"，这种否认从潜意识的角度而言是一种过分强调，实质是对内在自杀意念的强烈抗拒。从客观事实的层面看，一般自杀者（区别于某些宗教追求）实施自杀的根本原因，其目的正是为了解脱人生的种种痛苦。对于死者，人们普遍也会在悲痛之余认为其最终得到了彻底的解脱。而王国维对此客观普遍自杀心理的一再否认，实际上正是对于客观事实的一种"过度抗议"。这种过度抗议的实质意义，正是在强烈抵制自己潜意识深层的自杀解脱心理。所以，笔者认为，从心理学潜意识层面来看，王国维自杀意念的因素早就深藏于其心且流露于其文。而1917年"一死谢国"（王国维，1984：197）之语，则是外部刺激之下，自杀意念从潜意识上升到意识层面的理性意志。当然，王国维从一开始就深知自杀的根本原因正如鸳鸯之死：

> 如鸳鸯之死，彼固有不得已之境遇在。而解脱之道，存于出世，而不存于自杀。（王国维，2017：8）

也就是外在不如意的恶劣境遇，逼迫人不得不自杀，这正是一般自杀者的心声，也提前道出了王国维自沉的内心隐秘。果然，1924年冯玉祥逼宫，王国维等清朝遗老以为奇耻大辱，欲相约同沉神武门的御河以身殉清，后受阻于家人而未实行，但客观上不得不结束"南书房行走"的荣耀。足见王国维内心政治文化认同与外在社会变革的激烈冲突，挡不住历史滚滚向前的车轮，王国维选择与旧的政治文化体系一起灭亡。虽然他这一次没能真正实行，但是，这是他思想理性的切实选择。所以，王国维的自杀意念由来已久。当然，从心理学的角度普遍来说，有自杀意念的人自杀实施率要高于普通人，但并不是说每个有自杀意念的人都会真的实施自杀行为。王国维自小抑郁痛苦的内心感性世界，思想不能接受当时社会政治大潮的方向，以及由此而生的对于自杀的理性选择，已经为之后的自沉定好了基调。所以，完全可以理解，王国维在后来持续遭遇一系列外在社会变革和家庭内部负性事件时所导向的最后终点。

王国维自沉是近百年来学术界的公案，其自杀原因有八种说法："殉清"说、"逼债"说、"惊惧"说、"谏阻"说、"文化殉节"说、"性格悲剧"说、"争自由"说、"诸因素"说（王炜、李朝旭，2016）。王炜与李朝旭（2016）《王国维人格与自杀成因的心理传记学研究》一文，综合各因素认为：

> 其自杀应是心理复合因素所致：人格因素应是其自杀的基础性原因，悲观思想、殉文化情结、贵族气以及多重负性事件是导致其自杀的发展性原因。（王炜、李朝旭，2016：161）

对此，笔者深感赞同。内心情感的深重悲痛，唯有寄情于学术研究，而外在社会的激烈变革，破坏了旧有、既定的社会规范，使得王国维不能维持固有的社会身份，在他看来，社会已然不给他立足之地。不但如此，激烈的社会变革并不是一下子就完成，然后持续稳定，而是一浪一浪排山倒海却多年难以稳定。每一次的冲击，对于王国维来说，倍感羞辱！于外在社会变革，王国维的思想是不能接受的。再纯粹的学术研究也需要社会给予的现实支点，王国维不能接受现实变革，就意味着其学术研究不得不失去现实立足之地。

1926年，王国维长子的突然死亡更让他陷入巨大的情感悲痛，家庭矛盾也因此凸显，进一步导致与罗振玉的决裂。罗振玉对王国维有知遇、资助之恩，后两人结为儿女亲家，对于王国维而言是其成年后最具影响力的重要他人。王国维个性寡合，并不善于社交，惟其如此，与罗振玉的关系就更为重要。罗振玉因为女儿与王国维续妻潘氏的家务矛盾，护女心切，直接将女儿带回娘家，并拒绝接受王国维所汇去的死去长子之抚恤款项。这让王国维再次感受到绝大的情感痛苦和人格羞辱。长子亡，挚友绝，王国维陷入巨大而持久的悲痛！

王国维的女儿王东明（1997）在其《最是人间留不住》一文中，明确认为王国维自尽并非是为了殉清，根本的原因是王国维因为长子病亡的深哀剧痛。

> 父亲自尽与大哥（潜明）病逝有很大关系。父亲最爱大哥，大哥病逝给父亲很深的打击，已是郁郁难欢，而罗振玉先生又不声不响地偷偷把

大嫂带回娘家,还拒收恤金……此事后,不再见父亲的欢颜,不及一年他投湖自尽了。(陈平原、王枫,1997:458)

从心理学的角度而言,王国维的"再无欢颜""不及一年……投湖自尽",是他陷入较长期抑郁的明显症状。在王国维的生命体验中,社会变革带来的身份尴尬、家庭变故带来的失子之痛、罗振玉不留情面的决绝,如同一浪一浪的苦痛与羞辱,已经让他不堪承受。

1926年7月,北伐革命如火如荼,北京城内人心惶惶,旧派学者叶德辉之死,更加剧了知识分子的恐慌,纷纷逃出北京避难。依然留着长辫的王国维,面对社会变革有可能带来的下一轮羞辱,曾经备感恐慌。王国维的门生姜亮夫(1994:257)也有类似回忆:"亮夫!我总不想再受辱,我受不得一点辱!"

在王国维几近哀苦的告白中,透露他濒临崩溃的内心世界。王国维(2014b:9)在遗书中写道:

> 五十之年,只欠一死,经此世变,义无再辱。我死后,当草草棺殓,即行稿葬于清华园茔地,汝等不能南归,亦可暂于城内居住。汝兄亦不必奔丧,因道路不通,渠又不能出门故也。书籍可托陈、吴二先生处理。家人自有人料理,必不致不能南归。我虽无财产分文遗汝等,然苟谨慎勤俭,亦必不致饿死也。

王国维的《遗嘱》是在其内衣口袋中发现的,一面还写着:"送西院十八号王贞明先生收"(王国维,2014b:9)。王贞明就是王国维的第三个儿子。很明显,王国维自沉前一天,预先理性、妥善地做好这一切准备工作,足以说明自沉非一时情绪冲动,而是长久酝酿成熟。中国社会半个多世纪的激烈社会变革方兴未艾，王国维对此已然是心力交瘁，他的思想无法跟随时代大潮昂首向前，无力承受时代浪潮的无情冲荡，早就在理性层面选择了自杀。而突然痛失长子，以及接踵而来的家务矛盾的凸显，挚友罗振玉（重要他人）的决绝，这一切，都是王国维不得不深陷其中而又难以解决的痛苦现实。而且，王国维的《遗嘱》完全没有提及续妻潘氏，可见夫妻感情淡漠。于是，在面对有可能的下一轮可怕的"不得已之境遇"，王国维最终实施了自杀行为。

王国维（2012：13）在《〈红楼梦〉评论》中认为："故曰《红楼梦》一书，彻头彻尾的悲剧也。"

从心理传记学角度而言，此语与其说是针对《红楼梦》，不如说是针对王国维自己的内心。正如王国维（2014a：1）"以我观物，故物皆着我之色彩"的观点所包含的心理学意义，王国维以自己的痛苦之心，共情叔本华的痛苦哲学，以此痛苦之内心与彼痛苦之理论相结合，形成痛苦之眼以观《红楼梦》，自然是无往而不在痛苦之中。然而，无往而不在痛苦之中的人生从来不是曹雪芹于《红楼梦》中所精心叙述的生命故事，实实在在是王国维对自己生命故事的意义感通。"彻头彻尾的悲剧"（王国维，2012：13），从来不是《红楼梦》生命故事的总结，而是王国维借《红楼梦》对自己生命历程的无意识道白。若非如此绝对负面的自我生命价值体悟，一代国学大师又何至于走向绝路！

三、结语

对于王国维（2012）《〈红楼梦〉评论》的悲剧观点，笔者是不赞同的。从少年时最初阅读《红楼梦》的感性感悟，到后来长期研究《红楼梦》的理性思考，多年来，笔者对于《红楼梦》的本质体悟到的绝非仅仅是悲剧，而是曹雪芹通过《红楼梦》对于真善美的深细刻画与执着追求，即便难免生离死别、盛宴终散，然而，聚时的欢喜、曾经拥有过的真善美，永远记在心头就意味着永远的拥有，永远不会真正失去，这份情就是茫茫人生中超越外在的富贵贫贱、离合、悲欢，甚至超越生死的真正珍宝！心在，情在，人生的意义就充实饱满，这正是《红楼梦》的"情"主旨。正如一生痴迷《红楼梦》的周汝昌（2009：8）所论断的："'情'才是一切文化、文艺的终极根源。"

王国维与王国维之类的学者，生命悲剧的根源正在于"情"的缺失。情的范围广大无限，包含人与人的关系、人与物的关系，甚至人与自己的关系，即贾宝玉所谓"情不情"，亦类似于儒家所谓"仁"、佛家所谓"慈悲"、基督教所谓"博爱"。若有情，人生则如盐化于水，品尝起来无不津津有味；无情，则如普通的水，虽然表面上看不出区别，内里却处处寡淡无味。人生长久如此，免不了走向干枯，即便有外在的成功，却从未曾启动发自本心的生命热情。《红楼梦》的"情"主旨，类似于弗洛伊德的"性本能"理论，但更具深切的人文情怀、生命关爱，以及社会关心。缺失了人与人、人与物、人与自我心灵真情挚爱滋养的纯理性、智性追求，其实，是建立在内在热切生命力的巨大自我压抑基础之上的，这样的人生，无论外在多么成功，从人性的角度而言，毫无疑问是悲剧的。

阅读《红楼梦》实际上就是用自己的生命内涵与《红楼梦》中所蕴含的生命内涵进行的独特精神交流，就此本质而言，普通读者和红学家是完全一样的。然而，既有千千万万的读者，每一个读者都有自己独特的生命底色与禀赋个性，再加上《红楼梦》本身的复杂性，当然会呈现出千千万万种不同的思想结果。正如鲁迅在《集外集拾遗·〈绛洞花主〉小引》中所论断的："《红楼梦》是中国许多人所知道，至少，是知道这名目的书。谁是作者和读者姑且勿论，但是命意，就因读者的眼光而有种种：经学家看见《易》，道学家看见淫，才子看见缠绵，革命家看见排满，流言家看见宫闱秘事"（郭豫适，

1981：131）。所以，王国维从自己情感缺失的干涸内心出发，无法共情《红楼梦》的"情"主旨，看到的只是"彻头彻尾的悲剧"（王国维，2012：13），其红学观折射出的其实是他自己内心对于人生彻头彻尾的悲观绝望，这是王国维最终选择自杀的根本原因。

参考文献

王东明(1997). 最是人间留不住, 见陈平原、王枫(主编). 追忆王国维. 北京: 中国广播电视出版社, 455—458.

王国维(1984). 王国维全集. 北京: 中华书局.

王国维(2012).《红楼梦》评论. 杭州: 浙江古籍出版社.

王国维(2013). 王国维诗词笺注. 上海: 上海古籍出版社.

王国维(2014a). 人间词话. 上海: 上海古籍出版社.

王国维(2014b). 王国维自述. 合肥: 安徽文艺出版社.

王国维(2017). 王国维文学论著三种. 北京: 商务印书馆.

王炜、李朝旭(2016). 王国维人格与自杀成因的心理传记学研究. 岭南师范学院学报, 1, 155—162.

肖荣、陈坚(1979). 鲁迅文艺思想散论. 杭州: 浙江人民出版社.

宋广波(2005). 胡适红学研究资料全编. 北京: 北京图书馆出版社. 周汝昌(2009). 红楼梦与中华文化. 北京: 中华书局.

俞晓红(2004). 王国维《红楼梦评论》笺说. 北京: 中华书局.

姜亮夫(1994). 忆清华国学研究院. 王元化(主编), 学术集林(第一卷)(页224). 上海: 远东出版社, 224.

容庚(1947). 甲骨学概况. 广州: 岭南大学中国文化研究室.

陈平原、王枫(主编)(1997). 追忆王国维. 北京: 中国广播电视出版社.

陈鸿祥(2010). 王国维传. 南京: 江苏文艺出版社.

郭豫适(1981). 鲁迅论《红楼梦》研究和阅读. 社会科学辑刊, 5, 131—135.

Schultz, W. T. (2011). 心理传记学手册(郑剑虹等译). 广州: 暨南大学出版社. (原作出版于2005)

Exploring the Psychological Reasons for Guo-wei Wang's Suicide through His *Comment on a Dream of Red Mansions*

He Yan

(Lecturer, School of Literature and Communication, Xianyang Normal University)

／ Abstract ／

Comment on a Dream of Red Mansions which was written by Guo-wei Wang, a master of Chinese culture in the 20th century, is the first monograph in which Western philosophical theories were used to study Chinese classical literary works in the history of Chinese literary criticism. It adopts an international perspective for comparative culture and initiates a research paradigm of integrating Eastern and Western cultures, which has a great significance in the history of modern Chinese culture. Guo-wei Wang committed suicide when he was in full bloom in his career of academic research. This resulted in quite lot of discussions in the academic community about the causes of his death. This article attempts to demonstrate what kind of psychological impetus Guo-wei Wang has by studying his *Comment on a Dream of Red Mansions*, and combines other documents of Guo-wei Wang to reveal the psychological reasons of his suicide. It presents Guo-wei Wang's subconscious mind of suicide implied in *Comment on a Dream of Red Mansions* and asserts that his conclusion: "*A Dream of Red Mansions* is a complete tragedy." which is also his summary of his own life story leads us to a deep understanding of Guo-wei Wang himself and his *Comment on a Dream of Red Mansions*.

／ Keywords ／

psychobiography, Guo-wei Wang, psychological reasons for suicide, *Comment on A Dream of Red Mansions*

女性为何习惯于自我凝视
——对三位女性大学生体象焦虑的叙事分析

张何雅婷[1]　张宝山[1]*　周宗伟[2]

（1 陕西师范大学心理学院，西安，710062）

（2 南京师范大学心理学院，南京，210024）

/ 摘　要 /

长期以来，在社会文化当中，女性都作为被观看和被凝视的对象，需要承受来自他人的目光。本文借助了他人的生命经验，着重关注的是女性在成长过程中，身处他人的凝视之下，如何一步步丧失自我判断，进而走向自我凝视。本研究采取叙事分析的方法，选取三名女性大学生为访谈对象，运用叙事访谈和命题写作的方式收集材料，依据多重理论视角，对访谈文本和写作资料进行分析。研究结果发现，个案经历了受家人漠视的童年，这导致了其安全感的缺乏。青春期可能是女性审美意识的关键期，在此

---

* 通讯作者：张宝山，教授，博士，E-mail: zhangbs@snnu.edu.cn

期间，女性开始关注自我，包括自己的外貌、言行及他人的评价。而三位个案在青春期之时，都经历了他人过度的凝视，他人的拒绝、嘲讽和打击成为她们挥之不去的阴影，久而久之，她们慢慢地习惯于想象他人的目光，在想象中建构自己的言行，将他人和自我理想置于真实自我之上。而新媒体的发展，更加深了她们的焦灼。网络语境放大了人们的话语和表达，也提供了更多的参照样本，女性不自觉地接受了来自网络的主流观点，相信自己是不足的，同时她们又不断地接触类似的观点，她们的焦虑也因此走入了循环。本文通过厘清女性如何将他人的凝视转化为自身的凝视的心理过程，也可为女性体象焦虑的矫治提供借鉴意义。

/ 关键词 /

体象焦虑，凝视理论，叙事分析

一、问题的提出

一直以来，女性都作为审美的客体而非主体而存在，也就是说，女性长期处于被观看和被凝视的位置（Berger，2005），无论是在艺术史中，还是在社会生活的方方面面。而凝视这一行为，除了观看和欣赏之外的意图，还有其他的含义，如它暗含着权力关系，凝视者拥有凌驾于被凝视者之上的权力（吴颖，2012）。因此，他才能够将被凝视者作为欣赏、把玩的对象来观看。对于凝视者来说，这种欣赏和把玩是一种猎奇、娱乐、放松的方式，而对于被凝视者来讲，此种观看方式犹如一座高山，沉沉地压在人身上，会带来无尽的屈辱和心理负担。在伯格（Berger）看来，观看是由占优势地位的群体或个人向占据非优势地位的群体或个人展开的，如男性对女性的观看，非少数族裔对少数族裔的观看。因此，笔者主要关注女性的凝视与被凝视行为。

拉康（Lacan）的凝视理论认为，个体总是处于被看、被凝视的位置上，这是人的基本处境。按照拉康的论述，个体在镜子面前凝视自己，个体以为自己在凝视着自己，其实，个体是在根据自己想象中的他人的凝视而凝视自己（Lacan, 2001）。因此，个体所看到的自己可能并不是自我的真实面貌，而是经由他人眼光反射的自我面貌。而个人对于自身和现实的误认，则是由于此种想象与现实之间的沟壑所造成的。另外，在与他人的交往和与社会的接触过程中，个体不断地接触"镜像"，镜像塑造了自我。不良的交往和接触加深了这种鸿沟，形成了自我的异化。在个体的自我体系之中，如果社会规则和他人对自我的影响占据了主导地位，那么人的主体性就会一再地削弱，自我变成了奴隶，这就是自我的异化（陈冰心, 2018）。

体象焦虑是指一种个体对身体产生的消极情感体验（李晴晴, 刘毅, 2018）。一般来说，有体象焦虑症状的女性会比男性多。大多数来源于实证研究的证据表明，女性比男性对于身体的不满意度更高（陈红, 2010; Jackson & Chen, 2008; Kim, 2009），此种性别差异可以用社会文化的视角来理解，社会的规范和期望要求女性更加重视她们的外表，在外表上做出更多的投资（Muth & Cash, 1997），而社会规范对于男性的要求，则集中于他们的成就、地位、财富等方面。关于体象焦虑的成因，已经有研究者从多个视角进行了解释，如社会文化理论认为单一的审美标准会通过传媒和他人对个体带来无尽的压力，影响个体对外表的看法（Rajagopalan & Shejwal, 2014）。社会认知理论则认为，体象焦虑的成因是个体内在的心理体验和外在的客观情况不一致（Cash, 2012）。同时，也有研究者基于"镜中自我"的视角来解释体象焦虑。

在这个视角下，个体首先会对自己的形象进行想象，其次，再对他人对自己外表的看法进行想象，再次，个体会因为这种想象而产生相应的感受（李晴晴，刘毅，2018）。在此过程中，父母、同伴等重要他人作为初级群体，社交网络群体作为次级群体，个体的内部加工导致的想象和现实的差异，都有着不容忽视的作用。"镜中自我"的视角和拉康的凝视理论有着某种程度的相似，它们都强调个人的想象和实际情况的差异，但是，这两种理论也有着差异，如"镜中自我"的理论更为强调社会互动和社会交往对个体的影响，即我和他人相互映照（徐晓君，2006），而拉康的凝视理论则重点关注的是个体的内在心理过程和心理反应。因此，笔者将尝试选取拉康的凝视理论对女性的体象焦虑进行解释。

对"凝视"这一现象的研究，大多集中于文学、社会学和哲学领域，研究者以文本或者影像为材料，以虚拟人物为引，探讨凝视中的权力关系及凝视中的哲学意蕴。如，马翔（2014）以王尔德的小说文本《道林格雷的画像》为例子，阐释了道林格雷是如何将画像视作自己，将自我视作客体的过程。陈冰心（2018）分析了影片《芳华》中的女主人公何小萍的形象，她由于进入一个不能够融入的集体导致其自我的误认，到活在他人的目光下，导致了自我的异化，再到离开集体，重新生活，平衡了自我和他人的关系，从而实现了自我和解。然而，很少有研究者从心理学的角度阐述凝视这一现象，也很少有研究者聚焦真实的生命经历，即，凝视是如何经由个人的生命历程，在现实中的女性身上起作用的，她们作为活生生的人，是怎么从凝视的主体成为凝视的客体的。

综上所述，本文以体象焦虑较严重的女性为访谈对象，借鉴三位女性的成长历程，重点关注女性的体象焦虑如何产生，阐述女性作为被凝视者，如何将他人的凝视转化为自我凝视这一心理过程。

二、研究方法

（一）研究对象

本研究的主要目的是研究女性如何在成长历程中逐渐将其他人对外表的关注转化为自身对外表的关注这一内在的心理过程，因此，在研究对象的选择上，拟以少数对象为目标，关注她们的内心变化。本研究在南京市某大学进行公开招募，根据自愿报名的情况，首先招募了 14 名女性大学生充当被试，然后运用青少年负面身体自我量表（Negative Physical Self Scale，NPSS）（Chen & Jackson, 2007）（如，"我担心自己的长相""我认为在别人的眼里我长得很胖"）对这 14 名对象进行初步筛选，根据量表的胖维度、矮维度、相貌维度和整体相貌维度的得分情况，最终筛选出得分最高的 3 名女性大学生作为典型个案。青少年负面身体自我量表是一个在研究中被广泛使用的量表，有着良好的信度和效度（陈红，2010）。之所以选取胖维度、矮维度、相貌维度和整体相貌维度，是因为在中国人的审美观念里，体型纤瘦、高挑、面孔吸引力高，如大而明亮的眼睛、直挺的鼻子、形状美好的嘴唇等，都是十分重要的（Jackson & Chen, 2008）。这四个维度得分高，表示个体对自身的身材、相貌的满意度都非常低，有较强的体象焦虑的感受。研究者对这 3 位典型个案分别进行了总时长约 3 个小时、分 3 次进行的叙事访谈。将 3 位个案的访谈稿整理成约 6 万字的访谈资料。

（二）资料收集

本研究结合叙事访谈法和命题写作法进行资料收集。在研究过程中，主要采取叙事访谈法。访谈是一种研究性交谈，是研究者通过谈话的方式，从研究对象那里收集第一手资料的方法，本研究采用半结构式访谈。在半结构化访谈中，研究者对于访谈的结构有一定的控制作用，但是不像结构化访谈那样，对于访谈起主导型的作用，同时，研究者也允许访谈对象自由参与，发表自己的意见和想法。叙事研究除了可以采用口头访谈的资料之外，还可收集研究对象的书写资料等。在本次研究中，研究者针对不同的研究对象分别布置了不同主题的作文，研究对象可以根据自己的所思所感，进行自由的书写。

（三）研究程序和个案描述

首先，在南京市某大学进行公开的被试招募；接下来，对招募来的女性用负面身体自我量表进行初步筛选，根据量表得分，选出3名女性大学生进行深入的人生叙事访谈。访谈于2018年4月间进行，运用叙事访谈法，回顾研究对象的生命历程，聚焦女性的身体意象和生命中的重大事件及其内心感受。研究者对每位研究对象进行了总共3次，每次约1小时的访谈。经被试同意之后，对访谈进行录音。访谈结束后，将录音转化为文本，作为研究的主要资料。在第二次访谈结束之后，对每位研究对象布置命题写作的任务。写作文本是研究的附加材料。

本研究采取匿名处理，分别重新赋予研究"一文"（个案一）、"小加"（个案二）和"笑笑"（个案三）的名字。以下简要地描绘出三位研究对象的基本生活情况，作为理解个案生命经验的背景材料。

个案一

一文，22岁，独生女，出生于南方农村家庭。自小由祖父祖母抚养长大，目前就读于南京市某高校。身材较为低矮，肤色较黑，体型较胖。"长得矮可以,但是我觉得我长得也不好看","我的脸很容易过敏,感觉脸大就是不好看"。她从小就对外貌有着强烈的自卑感,从幼儿园开始,直到大学时期,对外貌问题的深深困扰一直伴随着她。她对自己外表的不满包括皮肤、五官、身高、体重等多个方面,她曾经尝试过减肥塑身,如运动,但总是半途而废。她与父母的关系较为疏远,与祖父母的关系相对亲近,知心朋友较少,她的学习成绩较为优异,喜欢独自学习。在学习之余,她的爱好是观看网络小说以及逛"知乎"等网络论坛。

个案二

小加,20岁,独生女,出生于南方农村家庭。身材较为低矮,肤色较黑,体型较胖。"我的外貌整个形象来说,就比较矮,皮肤不好,长得不好看。有这个形象,大概是我爸妈把所有不好的地方都遗传给我了"。自小跟随父母长大,童年有一些遭受欺凌的经历。目前就读于南京市某高校。她从初中时开始关注自己的外表,对外表的不满主要集中于自身的五官、皮肤和身高方面。她与父母亲的关系一般,沟通较少。她的言语幽默,有许多朋友。在学习之余,她的爱好是尝试新鲜事物和阅读各类社科读物。

个案三

笑笑,21岁,独生女,出生于北方城市家庭。自小跟随父母长大,目前就读于南京市某高校。身材较为高大,肤色较黑,体型较胖。"长相实在是太、太重要了,太重要了(抽泣)","我觉得(长相)都是没办法改变的,五官啊,眼睛小,戴眼镜这些,都是没办法改变的……"她自小敏感,不善言辞,自卑也一直伴随着她。她对自身外表的不满包括五官、体重方面,她曾经尝试过多种减肥方式,包括运动、吃减肥药等,但都以失败告终。她成长于一个较为保守的家庭,父母也都不擅长表达,她的性格也较为内向、敏感,不擅长交际,有同理心。在学习之余,她的爱好是运动。

三、被漠视的童年和后知后觉的痛苦

一文、小加和笑笑 3 人均出生于 90 年代末期,虽然 3 人来自不同的地方,但她们有一个共同点,她们都经受了为父母或者家人所漠视的童年。在童年里,她们过早地经受了许多事情,但由于她们的家人并不关注其心理状态,所以她们只能默默地承受着,体验着无助、茫然。被漠视的童年可能导致了她们的情绪上的易感、脆弱,这也为她们后来的经历埋下了种子。

在一文的自述中,她一直跟随爷爷奶奶一起生活,她是一个自小自卑的人,她对幼年时唯一印象深刻的记忆,就是为了引起父母的注意,躲在床底下,结果父母并没有发现她已经不见了,甚至没有尝试寻找她。"我感觉很伤心,就小时候我还会躲起来不让他们找到,就感觉很不关心,我会偷偷躲起来不让找到,让他们重视我一下,但是我发现他们很久之后才会发现我不在了,然后我觉得就没什么意义了。"

此外,在爷爷奶奶出去工作的时候,年幼的她害怕有人进来,就趴在窗台上,等待爷爷奶奶回来。尽管爷爷奶奶会"给我开好电视,安排好了,我就只能这么做,我现在是什么样的感受不太好形容,我就觉得我那时候好可怜啊,很可怜的感觉"。对创伤的觉察常常是延迟的,一方面是由于个体在幼年时可能不具备觉察复杂情绪的能力(郭婷婷,崔丽霞,王岩,2011),一方面可能是因为个体在成长过程中的多次受伤和失望的经历,导致其对创伤有了较强的觉察能力,从而个体在回顾成长历程之时,感受到了进一步的伤害。这是一种恶性循环。与被忽视相伴随的,是一文的无力感,在幼年时期的很多时候,她不知道该做些什么,"不知道怎么办",也不知道该如何是好。

除此之外,父母不时爆发的争吵也会令一文感到不安,在争吵时,父母不会顾及她的感受。大打出手,对他们来说是家常便饭,而一文在这种重复爆发又无法阻挡的争吵之中，渐渐感到无力和漠然。"小学的时候，幼儿园也是，他们就很容易爆发起来，打起来，然后我都会打爷爷电话。就这样习惯了，漠然了，第一回是很害怕的。有好多个这样的情景。小时候，一边吃饭，来了，然后把碗也给摔了，不知道什么情况，我也不太清楚，因为很久了，然后我爸我妈吵起来，把我推到了放置热水瓶的那个地方，因为我小。反正吵得不可开交。我舅舅还有我的外婆来，然后一起劝什么的，推我的那个过程就比较记忆深刻，那时候应该是五六岁或者七八岁，所以我也记不住了。主要是把我推到放热水瓶的那个地方，害怕那个感觉。我害怕的就是他们吵起来太激烈了，害怕的是那个场景，因为我不知道怎么去控制那种场景，就是这种感觉我想不了其他，那时候我也好像没有这个概念。"

她害怕父母突如其来的争吵，是因为她不知道如何去应对这种局面，这是她无法控制的事情。这体现了她失去了控制感，控制感这个概念来源于罗特（Rotter）的社会学习理论，失去控制感则容易让人消沉，在遇到困难的时候退缩和躲避，不会主动地去迎接困难和挑战（Rotter, Chance, & Phares, 1972）。

在小加的自述中，她出生之后便十分安静，不吵闹。在她很小的时候，母亲会一边工作，比如照看店里、做农活，一边把她放在旁边，她对此种场景的描述是，"她觉得这样好一点，我不会烦她。"在形容她在母亲身边自娱自乐的场景时，她使用了以下描述：

"上幼儿园之前，我妈就会把我天天带到田边，然后她在那边劳作，也不会把我一个人放家里，因为我们已经分家了，爷爷奶奶也不带，她把我带到田边，然后就大太阳下干活，我在那里被晒，然后玩泥巴，你大概不能理解玩泥巴是什么感受，知道哪边的泥巴比较好玩，它里面有什么东西，就特别无聊。反正也一直基本上就一个人。"

由于成长于农村的大家庭之中，小加也拥有过一些比她年长的玩伴们。但是，与玩伴们在一起的玩耍的经过并不总是愉快，她常常被玩伴们欺负，"有一种气场，让看到她的人都想欺负她"。让小加记忆深刻的是堂姐扔了她的糖果，对她说"滚"，而母亲在得知这件事之后，没有安慰她，反倒是"把我拎回去打了一顿。她说你为什么这么犯贱，为什么一定要在别人的家里？人家不喜欢你，你就应该自己回来。"在幼儿园阶段，由于班长喜欢的女孩子不喜欢自己，小加被全班同学欺负，水彩笔被扔、书包被丢到厕所里这样的事情屡见不鲜。发生这些事情的时候，小加的情绪是"麻木"的，她根本不知道发生了什么，而现在回想起来，她则觉得自己"没用、总是被人欺负（哭泣）"。

与一文和小加相比，笑笑的成长环境相对简单。她出生于一个较为保守的家庭，"在家连短裤都不可以穿"，从记事起，父母对她的教养方式较为严格，尤其在学习方面。"学习上管得特别严格，然后看电视什么的都管得特别多，我觉得有点阴影，有的事情就不敢告诉他们，不知道他们的反应会是怎么样。"这造成了她与父母情感的疏离，她不愿意将自己的内心话告诉他们，也不愿意征求他们的意见，她认为在父母的管教之下，她体验到了一种无形的压力，"他们不会说，我们是父母，你们是子女，所以必须要怎么做。但是他们会造成一种压力，就会按照他们的要求去做。虽然他们不会明令禁止我要怎么样。"

父母教养方式是一种父母对儿童的教养方式和教养行为的综合，它会对儿童的心理和行为产生诸多方面的影响（王丽，傅金芝，2005）。过于严厉的教养方式往往会导致个体陷入自我否定、自我怀疑的情绪。而采用专制型的教养方式的父母，过度控制孩子，这尽管是出于为孩子着想的目的，也会干扰孩子自我意识的发展。与笑笑父母对笑笑学习和生活方面的关心相伴随的是其对于笑笑内心感受的长期漠视。他们之间几乎没有情感方面的交流，在遇到问题时，她也不会询问父母的意见。

而在学校里，笑笑总是会扮演着好学生的角色。她在回忆儿童阶段的重要事件时，还提到了一件对她伤害较大的事情。小学阶段，她有了第一个喜欢的男生，并将这件事情告诉了与她关系亲近的朋友，后来，这件事不知怎么地就被那个男生发现了。于是，在毕业时，大家纷纷传阅毕业纪念册时，笑笑也把自己的毕业纪念册交给了那位男生，可是他却说出了对笑笑打击很大的话，"不要放在这儿，脏"。这件事让本来就不自信的笑笑更加深了自我否定，她"感到抬不起头来"。

三位受访者讲述的童年经历，在某种程度上说，是有共同之处的。她们所回忆起的童年事件大都是不愉快的，甚至可以说，给她们带来了无法磨灭的阴影。而她们的家人也都缺乏对其内心感受的关注，她们的童年同样都是被漠视的。这样的漠视让年幼的她们倍感无助、孤独，这也导致了她们在今后的成长过程中，在面对他人过度的凝视时，感到茫然失措，容易丧失自我判断。

四、被凝视的青春期与审美意识的觉醒

处于青春期的个体，对自己的外表、行为往往会产生过度的关注，他们也会想象别人也是同样地关注自己（郭菲，雷雳，2006）。假想观众是青少年中常见的心理现象，这样的想法会导致青少年对于他人的想法和行为的过度重视。另外，在情绪方面，处于青春期的个体也较为敏感、脆弱，情绪的波动大，情绪的矛盾性也较多（张文新，2002），他们容易受到他人的影响。有时候，也许只是一个眼神、一句话，就能够让他们感受到复杂的情绪。而个体青春期的主要时间都是在学校中度过的，老师、同学和朋友是他们主要的接触对象。因此，老师、同学和朋友在此阶段中对个体的发展起着关键的作用，他们作为凝视的主体，影响和塑造了个人的审美观念。这种影响是直接的，他们的打击、嘲讽对个体会造成深深的伤害；也是间接的，他们的观念和行为也会对个体造成潜移默化的影响。而女性作为凝视的客体，在他人的话语里、目光

下，反复确认自己。如果个体遭遇的常常是质疑和打击，那么她能够看到的自己，也可能渺小、脆弱、微不足道。

在一文的自述中，她刚上初中时，学习成绩很差，老师又会常常开玩笑，说她是"四眼田鸡""很胖"。进入到初中二年级，换了一个班主任之后，老师对她的鼓舞促使了她学习成绩的提升。与此同时，她课外的兴趣是看电视和看小说。她认为，电视教会了她不少东西，一些重要的词汇、观念都是她从电视中习得的，包括美丑观念，"电视和小说也深度刻画了美丑的重要性，可能是有点糟糕，但偏偏我还是认同他们对美丑的一些观点"，"我觉得我的一些观点是被隐性地影响的，它教会了我很多，我也不知道是教会了我哪些，我觉得我是掌握了很多这种词什么的，可能具体的方面我自己也不知道，但是我既然能掌握一些词，那肯定也能掌握一些其他的具体的什么东西，比如说做什么事应该要这样子的。"与此同时，她也意识到了电视和小说对于美与丑的划分可能是不那么正确的，是"糟糕"的。但由于这种美丑观念的划分是为多数人接受的，于是她也不得不接受，甚至认同这种狭隘的审美观念。另外，家人、老师、同学也会对她的外表发表自己的看法。老师会认为她的体型较胖，同学也会说她不够好看，甚至，家里的亲戚也会将她的外表和他人的外表进行比较，这使得她产生了深深的自卑感。

在小加的自述中，她一直是个学习成绩中等的学生。上初中之后，家里人为了她的学业，在城里买了二手房，她转去了一个新的环境。她评价初中生活时，说道，"初中没经历过生命大的波折，最惨的是长冻疮，手上脚上（都长）。就觉得很难受。长得特别严重，但当时情绪是麻木的。肉体上的疼痛其实没有很多触动。然后它就会就长到裂开、流脓，然后跟半截手套粘在一起，你用剪刀把它剪开，后来虽然知道保护了，稍微大了一点，保护手不要被冻着，但还会长，会很痒。在班上的时候学习的话，除了这个挺难克服，然后其他都还好。"而对于长冻疮这个事情，家人并没有给予小加过多的关注，甚至对于小加买冻疮膏预防冻疮的想法，也并没给予支持。"我要买冻疮膏，他们不给我买，他们跟我说买了没用，要好好保护你自己（失落）。"在中学阶段，小加的父母仍然忽视了她的内心感受，对她评价为"最惨"的事情都缺乏关心，更别说是其他事情了。而青春期的个体内心极为细腻、敏感，肉体上的疼痛对于小加而言不算什么，真正让她感到失落的是家人的漠然态度，他们并不把她的疼痛当一回事。

步入高中之后，小加的学习更加紧张，此外，她与同学的关系和与家人的关系也开始变化。高二的时候，她遭遇了一件使得她至今难忘的事情，班级里的一个女同学画了她的"恶搞"漫画，并在班级里传阅。于是，一群人因为那张漫画聚集在一起大笑，而且这位女同学一直对小加有言语攻击的行为，比如她屡次说小加"长得像猪"，等等。遇到这样的事情，小加无处诉说，因为身边的朋友也无法理解她，"那个女生她只是像小孩子喜欢玩，让我原谅她吧，也不管我，就为她开脱。会觉得其实没有人理解你"，也因为父亲也习惯性地对她的外貌评头论足，"回到家之后看见我，问我你怎么长这样啊，怎么这么黑，你有没有好好洗脸啊之类的，要不要整牙呀"。小加回忆起自己对外表的关注，就是从听到他人的嘲笑开始的。除此之外，父亲的外遇事件也给了小加巨大的打击。甚至，作为这个事件的旁观者，小加还接到过来自"第三者"的电话，这让她十分苦恼，在母亲对她提及父亲的外遇事件时，她并不相信，而当她真的接到了电话，她就不得不信了。学业、家庭和同伴关系给小加施加了三重压力，这三重压力叠加在一起，迫使小加不得不自我要求，自我审视。

在笑笑的自述中，她的中学生活比较平静。在中学时期，她经历了和小学时期类似的事件，她对一个班级里的男孩萌生了感情，那个男孩委婉地拒绝了她。当时，她的朋友虽然尽力地安慰了她，但是，她们所说的话却让笑笑将遭到拒绝这一事件归因于自己的外貌，"我身边的朋友他们就一直在说，如果长得再好看一点，结局肯定不是这个样子。我就觉得连他们都看出来了，是因为外貌的问题"。笑笑将被他人拒绝归因于自己的外表，这是一种内归因方式。于当时的她而言，外表不是她可以改变或者控制的因素，她承担了过多的责任，因而觉得内疚，"自己为什么是这个样子，为什么不能长得好看一些"，"也抬不起头来，认为自己永远比不上别人，比不上身边的人"。

笑笑认为这段时间也是她的叛逆期。父母因为笑笑的朋友成绩差而阻止她与朋友的交际，她就把自己关在房间里，"不吃饭、不上学、也不下床"，还与父母进行了激烈的争吵。通过反抗赢得了父母的妥协和让步，父母再也没有阻止她与朋友交往，也开始尊重她的看法。笑笑的反抗行为给了她信心，她也因此觉得自己"很勇敢"。反抗的意义不仅在于能够获取个人想要的结果，赢得父母的尊重，还在于个体在反抗中选择并承担了属于自己的命运。在加缪（Camus）的笔下，西西弗斯（Sisyphus）是反抗的英雄，他的反抗诞生于荒谬，产生于对于荒谬命运的深思和追问。而荒谬和幸福是一体的，正是在对荒谬命运的追问中，在对个人命运的反抗中，个人才体验到了永恒的幸福（Camus，2007）。于笑笑而言，父母的要求是荒诞的，她不理解为什么要将她与成绩不佳的学生隔离开来，于是她选择了反抗，她的反抗让父母意识到了其要求的不合理，也给予了她足够的尊重。更重要的是，她通过反抗重新认识了自身，原来自己不总是懦弱的、自卑的，也可以是勇敢的，她感受到自己是可以通过主动选择来承担进而改变自己的命运。

纵观一文、小加和笑笑的青春期历程，笔者能够发现外界对于外表的标准成为了她们束缚自身的工具。对一文而言，此种标准源自于电视上的观念；对于小加而言，此种标准源自于同学及父母的言语；对于笑笑而言，此种标准也源自于他人的拒绝以及朋友的话语。在拉康的观念里，个人处于"小他者"和"大他者"的围困之下，"小他者"是指身边的他人对个体的影响，"大他者"则是指社会需求、规范等宏观背景下的事物（Lacan，2001）。此时，个体的内心状况十分复杂，既希望能够得到身边的重要他人和社会的认可，却又无法改变当下社会的审美规范，于是，只能够被动地接受和认可它。于这3例个案而言，社会对于女性"外表美"的界定是狭隘的。女性的体型纤细苗条、肤色白皙、脸型自然流畅，才是美的，否则，就不符合"外表美"的标准。通过他人的话语、媒体，个体无时无刻不接收到这一标准，也在无形中接受了这一套标准，将其内化到自身，形成对自己的严苛的要求。久而久之，女性习惯性地以此种标准来定义自己，在她们的自我体系当中，社会关于美的隐性规范和他人的声音已经逐渐地超过了自我的声音，她们不明白到底什么样的我才是为人接受的、美的，她们茫然失措，又无力改变这一状况，于是，她们开始了自我凝视。

五、陷入自我凝视的青年

处于青年期的个体，即将步入社会，他们面临的环境更加复杂，一面依然身处于学校环境，一面还要面对来自于更为广泛的社会的压力。对于本文中的3例个案来说，在种种压力下，她们总是会通过想象他人的看法，尤其是他人对自己外表的看法，来构建对自身外表的认识。尽管这种想象通常是偏颇的，她们却会对她们的想象深信不疑。继而，她们将想象与自我的理想相对照，陷入到无法达成理想的郁闷之中。另外，新媒体中的话语让女性相信她们所看到的是真实的，其中的个案也给女性提供了社会比较的参照物，在这种密不透风的凝视之下，女性会更加反复地体验到悲伤和失落。

（一）在想象中自我凝视

在步入青年期之后，本文中的3例个案虽然不再直接接收到来自同学、朋友的嘲讽和打击，但由于她们在青春期时因为外表受到了过多的凝视和注意，因此，她们已经习惯性地认同他人的想法，也习惯性地想象别人对她们会有什么样子的看法，"高中时候看到一篇文章，叫《丑儿子》，我就觉得是在描述我。但是我大概能理解作者的感觉，这是个'看脸的社会'，我想我爸爸也是这样想法。觉得我长得丑，会比好看的人要付出更多努力。"（小加）。"我和舍友一起去买衣服，四个人，有个1米75的，她穿什么衣服我都不敢看，她站在我旁边就像一个模特，（我）很悲伤。我有个舍友唇红齿白，皮肤比较好，我整个脸就暗淡无光，面色蜡黄，不太健康。"（小加）"我有一个不算是朋友的人，我已经把他拉黑了，他经常说，你长得这样肯定没有男朋友，巴拉巴拉的。一般（当）别人说，我长得还行，比较可爱，但是我觉得是假的，安慰我的。""身高是一方面，但是不是说长得矮的人是一般都长得很好看，我们班里其实也有不高的，但是她们就超级好看。然后我室友就一直就说我什么，她说你看看别人什么的，长得矮可以，但是我觉得我长得也不好看，就是跟我班的人比起来，你看看她们的长相，就是那个我舍友会认为看她们也矮，也有点胖。怎么说，这种长相是天生的。然后我每次都说你看那个谁谁谁，什么，我舍友就会说你（要是）有她的长相，我就感觉其实高矮是一方面，长相也是一方面。"（一文）"平时有一些需要上台的活动，就会不敢上去，就怕别人会说我长得丑。就是某些特定的场合会特别受影响。平时的时候还好，某些特定场合想起来会很难受（哭泣）。"（笑笑）在想象当中，她们不自觉地将自己视作为审美的客体，依照他人的标准来评判和审视自己。

在一文的自述中，她的焦虑来源于她害怕外貌会成为她未来道路的短板。在大学入学后，她和其他人走在校园里，来学校宣传的人会屡次忽视她，这让她备受打击。"就拿发传单这件事来说，我觉得他们是因为外貌，他们还因为什么呢？我感觉我也没有恶意，去食堂的路上我就在走着，我觉得他们应该是要发我传单的，但是他们并没有。但我就觉得就比如说有关于什么游泳社的或者是什么外来的人员不是也来回回来发传单吗？我觉得他们就不喜欢对我发传单。就发传单这件事，我觉得我也没有对他做什么事，我就走我的路，然后拦都不拦我的那种。"一文的舍友无意中对她说的话，也被她一直记在心里，"关于我们宿舍交男朋友的，她模仿她妈妈说，一文就算了，她很困难的。就说我矮。现在最重要的是求职，还有婚姻，交男朋友那方面。因为外貌，参加一些活动也参加不了，比方说，我参加一些联谊会，我呆呆地在那儿，也没人来找我，我也不是很主动，感觉长得好看，就自动会有人来认识你。"她也非常害怕需要面试的场合，认为自己一定会在竞争中处于劣势，甚至被淘汰。"如果我能长得好看一点或者高一点，我觉得我愿意去上海闯一闯。其实我也有想要闯的心，但是因为这方面的原因就是我感觉还是不要去当别人的踏脚石。还是回自己的小农村，做一般的工作就行了。我觉得没有勇气去闯荡。"她直言自己没有勇气，遇到一些机会也倾向于选择逃避，而非主动争取，与此同时，她也意识到了"可能是我的感觉限制了我，而不是我的长相限制了我。"即使一文已经意识到了这一点，她依然恐惧未知的事物。未知意味着变动，也意味着可能的危险。为了规避潜在的危险，她干脆埋起头来。

在小加的自述中，外貌也会给自己招致一些不公正的待遇。诸如，在应聘兼职工作时，对方要求她传送本人的照片，在基本的要求之外，招聘者会更倾向于形象好的应聘者，而达不到要求的应聘者就会丧失机会。另外，父母对小加的外表依然采取嘲讽的态度，她常常听到父母问她，"你为什么这么黑，这么矮"，此类言语超出了小加的承受范围，让小加除了感到受伤以外，也感到怀疑，她不明白为什么父母明明是自己的亲人，却要这样地对自己进行嘲笑和打击，"我是不是亲生的"，同时，她也开始厌烦。渐渐地，小加学会了自嘲，"我平常在路上走，有两个戴红领巾的一二年级的小孩在一起玩，有个人对那个小孩说，看你奶奶过来了，就说我是他奶奶。一开始就有点好笑了，然后就觉得很悲哀，觉得自己可能长得丑，还长得老，也很受伤。然后我就笑笑，还能怎么样？我还能怎么办呢？我怨天尤人，我去做个整容手术？"自嘲可能是一种对困顿的化解，个人可以用一笑了之的方式来面对一个让人尴尬的境况，也有可能是一种躲避，躲避了别人可能存在的同情的眼光，也躲避了认真谈论和审视此类问题的可能性，从而将自己置于一种更加孤立的位置。按照胡塞尼（Hosseini，2013）的说法，它缩小了不幸，也放大了不幸。她明白自己所处的位置，也明白他人的嘲讽意味着什么，无可奈何，只能在他人开始嘲讽之前，为了避免来自他人的伤害，她只能想象着他人的眼光和态度，借由自己的口将它说出来。从某种意义上来说，自嘲也许也是一种自我阉割。

在笑笑的自述中，她的外表焦虑很大程度上来自于他人的看法，或者说是想象中的他人的看法。"在意其他人的眼光，一直在意其他人，做什么事情就会想别人怎么看我。这个确实想得比较多。这是不可避免的，人都会喜欢长得好看的人嘛，其实我自己也是。"虽然笑笑身边的家人和朋友常常会劝慰她，她却认为他们的话语只是安慰，而不是事实。"他们肯定会说你长成啥样我都喜欢你啦，每次和我闺蜜说我长得丑她就会说其实你没有那么丑，你长得还是挺端正的呀怎么样。但是肯定是在安慰我呀，因为和我接触比较多，所以才会觉得我没有那么难看，觉得他们是为了顾及我的感受，所以会说的比较委婉。"而她认定了自己的想法即是事实，则是在悲伤之中陷入了一种自我中心主义。她已经习惯了想象、揣度他人的想法，她的悲伤和焦虑也来源于此。

拉康认为，个体是惯于被看的，不管个人是否愿意，他总是要被观看的。而正是他人的观看才建构了个体，帮助个体形成了其对于自己的认识。也因为这种凝视无所不在，就像空气、水一样，才会被个体所忽视，凝视会对个体产生潜移默化的影响。个体通过想象他人的凝视来观看自己，这种想象可能是不真实的，飘渺的，然而个体却无法选择（吴琼，2010）。因为凝视无所不在。在很大程度上，个人所认识到的自己是不完整的、片面的，而在想象中，个体的理想自我占据了主人的位置，真正的自我却变成了奴隶，需要屈服于理想自我（Pagel，2008）。从这3例个案的生命经验中来看，她们都同样通过想象他人的凝视，按照他人的目光来看待自己，构建了自己的理想，又将理想自我置于真实自我之上，将自身的理想与想象中的现实进行比较，从而走入了自我审视之中。

（二）新媒体对女性的影响——循环往复的焦虑

新媒体是相对于传统媒体而言的，依赖网络平台的发展所诞生的一种传播形态（廖祥忠，2008）。近些年来，国内诸如微信、微博、知乎等平台的涌现丰富了人们的日常生活，同时也将个人的日常生活暴露于公众的视野之下。个人不仅能够通过新媒体分享自己的生活状态，也能够借由各式各样的新媒体平台观看他人的生活状态。借由观看他人的生活，个体会比对、反思自身的生活状态。从而造成一种循环往复的焦虑。

在 文的自述中，新的媒体环境对她的生活产生了深刻的影响。她习惯性地使用新媒体平台来调节心情，然而这些平台上的资讯会加深她的焦灼感。在网络时代，人们的表达看似丰富化，但表达的内容可能依然狭窄。就像一文所讲述的那样，新媒体平台上对于"外表美"的过度展现和表达，隐含了外表即是一切的观点，而外表美又有着十分严苛的标准，如大眼睛、肤白等。这使得在这套标准之外的个体会在无形中将自己与标准进行比较，在反复的观看和比较中，她们会丧失自我的判断，也会重复地体验不达到标准的焦灼。

> 我觉得是一个挺敏感的人吧，因为我感觉会对别人的评价，他们觉得并没有什么，那我觉得会对我内心造成一定的影响，他们会评价我长得没有人家好看。虽然这是事实，但是就会感觉对我影响很大，就可能一天都专心不了做什么事情。我一般调节心情，要么睡觉，要么刷手机，就这两

样,然后刷刷刷,越刷越难过,我就感觉知乎或者是小红书啊,这种软件上都对胖瘦,身高什么会提及到,然后会表达出来外貌确实能够决定你以后的道路,我也发现微博越刷越不开心。对于别人的观点,我的这种焦虑感就会越来越高,我觉得很在乎别人的观点(停顿)。虽然现在知乎上很多经历变得不真实了,看评论的时候就觉得扎心的,感觉还是有一定的正确性。但是我并不能够把那些就是以美为一切这种观念就从我脑子里拔出去,我还是会很在乎的,就我还是觉得他们有的话是真的很对(停顿)。我就感觉,哇这个好不公平,我就感觉气愤。然后就感觉比你美,比你有实力的人都在不停的努力,很多励志的例子。然后我也关注小个子穿搭。我就感觉,真的有颜值就是有一切,就是他们穿的就感觉差不多的一条牛仔裤穿在他们身上,怎么差别那么大。我也不好形容,就是那种牛仔裤就是我也有,但是我感觉就是完全不一样的感觉,虽然我不否认他们可能会有修图。然后他们也发个人的介绍自白吧,公务员考试什么的,即使我以最高的成绩考去了,但是他们面试的时候,因为我个子还是什么就把我给剔除了,然后就给我一种就感觉(气愤),那种公众号也不是那种营销(号),我感觉关注的人挺少的。评论也没几个。我感觉是挺真实的。他们有的时候会发一些自白,然后也能够预见我进社会之后会有多么的挫折。

培养理论指出,人们越多地接触到媒体,则会越相信媒体中展现出的世界是真实的世界(Amanda,2004)。正如一文认为,"有颜值就有一切"一样,她深信,美丽的外表是行走于世界的许可证,没有这张许可证,一个人似乎就不能够得到她所期望的任何东西,包括兼职机会、满意的工作和爱人。同时,根据社会比较理论,人们会通过媒介来了解自身,也会通过它来建构自己的理想,而媒介中美的标准,往往十分严苛,这样就无形中加大了理想自我和现实自我的差距（Buunk & Gibbons, 2007）。女性无法达到自己内心的标准，便会产生深深的无力感。按照福柯的观点，对外表美的建构也体现了权力（Mills, 2017）。女性作为被观看者，无法制定审美话语，也无法掌控外貌美的标准。她们只能拼尽全力地去达到这类标准，尽管她们也许意识到了这套审美规则是荒谬的、不合理的，但依然会为之所裹挟，因为她们凭借着自身微小的力量，无法改变整套审美话语体系。在审美标准和自我的冲突中，在自我理想和现实的夹缝里，她们一遍遍地体验到焦虑和无力，周而复始。

六、结语

纵观这 3 例个案，笔者可以发觉她们生命经验的共通之处。她们都经历过不被关注，甚至被漠视的童年，又度过了被过度观看、凝视的青春期，继而陷入到自我凝视中。她们的家人对其内心状态的忽视，使得其过早地体验到了孤独和无助，也影响了她们看待问题的方式，让她们在面对他人的评价时，变得格外脆弱和敏感。进入青春期之后，她们像大多数个体一样，会过度地关注自己，而这时候，她们又遭遇了同学、朋友甚至家人对自身外表的嘲讽与打击，她们无所适从，只得屈从于他人的凝视和评价，继而通过想象他者的凝视，在想象之中逐渐地失去了审美的主动权，变成他人眼光和自我理想的附属物。而新媒体平台中关于"外表美"的过度表达，使得她们屈从于现有的审美话语体系，从而一步步地走入了自我凝视。

那么，女性所面临的这种境况能否得到改善呢？笔者认为，未来并不完全悲观。女性在审美的历史中，长期身处于被凝视的位置，这是一个已经得到认可的事实。而当下，随着女权运动的展开，已经有越来越多的女性意识到了这种审美地位的不平等，她们开始反抗，开始构建属于自己的审美话语。意识到被凝视的不合理，是最为关键的，一旦更多的女性意识到了她们的处境，就会有更多的女性反抗它,就像本文中的笑笑反抗父亲的要求一样,女性也有可能成为西西弗斯,成为加缪笔下的荒谬的反抗英雄,为自己的命运承担责任,从而体会到永恒的幸福。"成为你自己",掌握审美的主动权,这句话绝不仅仅是一句空泛的口号,相反地,它是一项异常艰难的事业,也正因为艰难而更加弥足珍贵。

参考文献

约翰·伯格.(2005).观看之道(戴行钺译).南宁:广西师范大学出版社.

加缪.(2007).西西弗的神话:加缪荒谬与反抗论集(李玉民译).天津:天津人民出版社.

陈冰心.(2018).他者之下的自我认同——对《芳华》女主人公何小萍的拉康式精神分析.东南传播,164(04),36—38.

陈红.(2010).中国人身体自我的测量工具、影响因素与预测模型.西南大学学报(社会科学版),36(06),1—6.

米歇尔·福柯.(2012).规训与惩罚(刘北成 杨远婴译).北京:生活·读书·新知三联书店.

郭菲,雷雳.(2006).青少年假想观众和个人神话观念的研究述评.心理科学进展,14(06),873—879.

郭婷婷,崔丽霞,王岩.(2011).情绪复杂性:探讨情绪功能的新视角.心理科学进展,19(7),993—1002.

胡赛尔.(2013).群山回唱(康慨译).上海:上海人民出版社.

拉康.(2001).拉康选集(褚孝泉译).上海:上海三联书店.

李晴晴,刘毅.(2018).身体意象失调的成因:基于"镜中自我"的视角.心理科学进展,26(11),2013—2023

廖祥忠.(2008).何为新媒体?.现代传播:中国传媒大学学报,2008(5),121—125.

马翔.(2014).道林·格雷的画像:一种拉康式的解读.浙江社会科学(6),136—141.

萨拉·米尔斯.(2017).导读福柯(潘伟伟译).重庆:重庆大学出版社.

格尔达·帕格尔.(2008).拉康(李朝晖译).北京:中国人民大学出版社.

王丽,傅金芝.(2005).国内父母教养方式与儿童发展研究.心理科学进展,13(03),298—304.

吴琼.(2010).他者的凝视——拉康的"凝视"理论.文艺研究,(4),33—42.

吴颖. (2012). "看"与"被看"的女性——论影视凝视的性别意识及女性主义表达的困境. 浙江社会科学, (05), 145—148.

徐晓君. (2006). "自我"理论—人际传播理论的源头. 广西大学学报(哲学社会科学版), (S2), 17—19.

张文新. (2002). 青少年发展心理学. 济南: 山东人民出版社.

Buunk, A. P., & Gibbons, F. X. (2007). Social comparison: The End of a Theory and the Emergence of a Field. *Organizational Behavior and Human Decision Processes*, 102 (1), 3 – 21.

Cash, T. F. (2012). Cognitive-behavioral Perspectives on Body Image. *Encyclopedia of Body Image and Human Appearance*, 1, 334 – 342.

Chen, H., & Jackson, T. (2007). Stability of Body Image Concerns among Chinese Adolescents: Nine-month Test-Retest Reliabilities of the Negative Physical Self Scale. *Perceptual and Motor Skills*, 105 (2), 677 – 680.

Holmstrom, A. J. (2004). The Effects of the Media on Body Image: A Meta-Analysis. *Journal of Broadcasting & Electronic Media*, 48 (2), 196 – 217.

Jackson, T., & Chen, H. (2008). Sociocultural Predictors of Physical Appearance Concerns among Adolescent Girls and Young Women from China. *Sex Roles*, 58 (5 – 6), 402 – 411.

Kim, D. S. (2009). Body Image Dissatisfaction as an Important Contributor to Suicidal Ideation in Korean Adolescents: Gender Difference and Mediation of Parent and Peer Relationships. *Journal of Psychosomatic Research*, 66 (4), 297 – 303.

Muth, J. L., & Cash, T. F. (1997). Body-Image Attitudes: What Difference Does Gender Make?. *Journal of Applied Social Psychology*, 27 (16), 1438 – 1452.

Rajagopalan, J., & Shejwal, B. (2014). Influence of Sociocultural Pressures on Body Image Dissatisfaction. *Psychological Studies*, 59 (4), 357 – 364.

Rotter, J. B., Chance, J. E., &Phares, E. J. (1972). *Applications of a Social Learning Theory of Personality.* New York: Holt, Rinehart &Winston. 1972.

Why Women Get Used to Self-gazing? The Narrative Analysis on Three Female College Students' Body Image Anxiety

Zhanghe Yating[1]　Zhang Bao-shan[1]　Zhou Zong-wei[2]

([1] College of Psychology, Shaanxi Normal University, Xi'an, 710062)

([2] School of psychology, Nanjing Normal University, Nanjing, 210024)

／Abstract／

For a long time, women are the subjects of being watched and stared at, and they have to meet their standards unwillingly. This research focused on how women gradually lose their judgments, move from being gazed towards self-gaze in the process of growth. This research used narrative analysis, selected three female college students as interviewee, collected research materials by means of narrative interview and proposition writing, and analyzed these materials from multiple theoretical perspectives. The results have found that the three women in this article experienced a disregardful childhood, which led to their fragility and vulnerability. Adolescence may be the critical period of female aesthetic consciousness, during which women begin to pay attention to themselves, their appearance, behavior, as well as others' evaluation of themselves. The three persons in this article all experienced the excessive gaze by others, and rejection, attack and mock became their shadow. Over time, they gradually got used to imagining the gaze from others, constructing their world and deeds by imagination, and putting others before themselves. The development of new media has deepened their anxiety. The network context amplifies people's expression, and provides more reference. Women under this context tend to accept the mainstream opinions from the Internet, and believe they are not beautiful. They are constantly exposed to similar opinions, and their anxiety goes into a vicious cycle. By clarifying the psychological process of women's transformation from others' gaze to their own gaze, this study can also provide reference for the treatment of female body image anxiety.

/ Keywords /

body image anxiety, theory of gaze, narrative analysis

跑道上的自己：一个女孩的自我叙说

张 蕾　张继元*　杨 玲

（西北师范大学心理学院，兰州，730070）

/ 摘 要 /

本文通过作者当前生命经验的总结和回顾，将作者童年时期的生命故事作为研究内容，运用自我叙说的方法将以往生命经验进行回顾整理与反思。之后结合自我叙说和绘画分析，更深入探索作者自身的最早生命经验。同时，在这个生命叙说历程中，也让作者感受到一种温暖和疗愈，进而发现了自我早期经验对未来发展的影响，最终实现了自我疗愈和成长。

/ 关键词 /

生命图像，自我叙说，亲密，责任感，疗愈

---

* 通讯作者：张继元，副教授，博士，E-mail: 0609az@yahoo.com.tw

一、与自我叙说的相遇

（一）相遇—心理

哲学经典问题一直以来困扰着人类的发展，人们总是会思考"我是谁，我从哪里来？要到哪里去？"，同样对自己生命的叙说也会受自身生命意义探索欲望所驱使。人有时候很奇妙，当你遇到一些比较重大的事件抑或是当你听到和自己的遭遇相同的事件时，就会开始反思自己（林韶怡，蔡敦浩，2013）。这些事件引起的生命经验回顾和反思就像一种"灵感"，及时捕捉到这种机会，就能接触到自己内心的东西。我的自我叙说历程偶然却又必然，"灵感"也是来自一些比较重大的生活转折。叙说（narrative）作为一种觉察、反省、修通自己生命历程的方式，个体可据此构建自己的生命意义和价值。

从小到大，没有想到自己会走上心理学这条道路，其实我大学本科专业是日语，硕士因为感兴趣跨考了心理学，于是开始了这门学科以及这个领域的探索。起初我对这个领域的兴趣是无法言表的，但之后接踵而来的各种心理学实验设计，加之自己的底子薄弱，却让我慢慢丧失了那时的自信和热情。而那时的自己，又因为很多事情的堆积，一时之间无从倾诉。正如夏林清（2012）说的那样："很多时候，人们往往更纠结的是那些无法说出、不能说出、不说，以及说不出来的状态。而这种状态更显得复杂，有时人处在社会文化的处境中压迫着不能说，或者是经验过于纠结复杂而说不出来，又或者是碍于文化中的道德规约而不能说，这些经验就这样层层交叠而放置在个人生命的底层"。我在类似这样一种压抑与经验中生活着，整个人总是觉得很沉重，也就是在这个时候开始想要写出自己的故事，想要解读自己的内心。

生命是一个值得细读的文本，"叙说"是一个反身观看并对事件给出意义的过程，"书写"又是另一种历程，叙说和书写是不同的心理活动，但相同的是人进入叙说之后，话语（speaking）自会带领叙说的前行，而人进入书写之后，文字会带领书写的前行（李文玫，2017）。起初我也是先进行了生命故事的书写，之后又开始叙说。通过自我叙说与书写，探讨了自我早期生命经验对于个人塑造的作用，并通过童年经历的重新理解，探寻到生命最原始的记忆及其对自我的意义产生相应的疗愈作用，最终促进自我的更好认识和发展。

(二) 相识一叙说

每个人都是一个独特而精彩的故事。叙说即是故事（story），自我生命叙说也就是在说自己个人的生命故事。人在某个时刻会有"一种倾向于使语言出现的前语言状态"，那是一种想要做某件事情的状态，它也更像是一种"成竹在胸却仍无竹"的那种"能够说也正欲发言"的状态，也许下个瞬间，它就会了无障碍地说了出来（宋文里，2015）。硕士求学初期我经历了投稿文章修改多次被拒、在一起六年的异地男友提出分手，一时间让我觉得自己什么都不是，很多事发生得太突然，又不知道该找谁去说。事压在自己的心头很难受，每天晚上都会哭，吃不下也睡不着。这样过了一段时间之后，发现了《心理传记与生命叙说》这本书，开始关注到了"自我叙说"，我开始会和自己交流，会记录下自己的心情。之后，又正好遇到张老师给予了叙说的机会。一切那么巧，却也刚刚好。于是我的故事慢慢被叙说出来，一点点地清晰明了起来。当很多事能够说、写出来之后，就会发现自己其实并没有自己想象的那么悲惨，也许自己也并不是唯一的受伤者。正如李文玫（2015）老师提出的："在某个情境之下，很想找人倾诉但是又不知道该和谁说，但是自己的话匣子一打开就会一发不可收拾。"我也就是如此，经历了人的自我不断地"说出""形塑"。

然而，生命叙说不仅仅是说故事，更重要的是在这个过程中的自省与反思（翁开诚，2002）。在我的生命叙说的过程中，每次的叙说以及故事的选择，都在以故事性的思考（narrative thinking）进行一场又一场的自省与反思。叙说过程中，个体会产生一种将生命经验从潜意识层面上升到意识层面的"顿悟"般的感受，会发现原来自己当初的这种生命经验对自己某种行为模式或者性格起了塑造作用（Bruiser，1987；许育光，2013）。例如在关于我最初记忆图像叙说时，起初只是简单的描述，可是一次次的深入探讨和叙说之后，那种"恍然大悟"的感觉慢慢显现，最后才意识到最初那种家庭氛围生活，对于现在我的家庭观念的树立起了重要作用。自我叙说是一个尝试要去说通自己的探究历程，透过"说"与"书写"，有意识地反映自己的过往状态（过去）、当下的行动反思（当下），或呈现反思于行动中的实践（导向未来）等历程，渐次知行合一地去追寻、面对人生处境的智慧，并实践得来不易的智慧，同时产生对自己、对读者、对社群有意义的文本（许育光，2013）。通过自身自我叙说的实践，我慢慢体会到自己的成长，从而更好地了解自己；体会到了自我叙说的疗愈作用，从而学会了积极尝试自我解读、促进思考，实现自身更好的成长。同时，也希望自身的深刻反思带动阅读者的反思，进而在反思后开展"叙说与实践"之旅。

（三）相知—历史及特色

生命中遇到的每个人事物都是一种缘分，而我就在这种缘分的指引下开始探索自我叙说的奥秘。纵观国内关于自我叙说的文章，大多为台湾学者的调查研究。80年代末、90年代初期，有关叙说的学术研究开始在台湾萌芽，历经发展，迄今"叙说转向"（narrative turning）逐渐在台湾受到重视（丁兴祥、张继元，2014）。萌芽时期是艰辛的，譬如在台湾早期叙说起步阶段，相当缺乏这方面的专著，当时所用的英文教本包含 Sarbin 的《叙说心理学》和 Riessman 的《叙说分析》，等等。而后者这本书历经多时，直到 2003 年才由两位在读研究生王勇智和邓明宇合作译出。除此之外，从 1990 年代开始，台湾诸如翁开诚、丁兴祥、黄素菲、吴熙娟、赖诚斌等众多心理学学者，在叙说领域开始做出一些学术成果，"自我叙说"便是其中一例。然而，较于台湾叙事心理学三十多年来的探究发展，通过查阅大陆有关自我叙说的文章后发现，总体说来关于这领域的文章还是较少。虽然有研究者发表了这方面的文章，但大多文章的自我叙说仅停留在自己某个阶段的经历回溯，例如任守云（2009）的文章讲述了一位留守儿童日记中的自我叙事；彭杰（2017）发表的文章则通过中班儿童的自画像进行自我生命的叙事。总体来说，大陆目前在叙事领域中发展较多的是叙事心理治疗（李明，2016）。有关"自我叙说"作为一种学术研究的发展还处于萌芽阶段，发表的相关文章可以说寥寥无几。而在既有叙事文章中，大多只是生命经验某阶段的特定事件回顾与分析，进行整个自我生命故事叙说的研究在大陆几乎无人问津。

自我叙说不仅仅停留在个人层次而已，更扩及社会、历史与文化的层次。通过自我叙说的分享与实践，可以慢慢感受到文化因素对于个人发展以及叙说背景的重要性。每个人不可能是单独的存在，人作为一种群居性社会动物，必然是在一定的政治、经济、文化脉络下生存与发展的。我的爷爷奶奶经历了中国的成立和艰难变迁，爸爸见证了中国改革开放一系列的发展，而我作为 90 后的一代赶上中国经济转型的一系列科技发展。在这些文化背景之下，家族的发展、个人的成长都会有不一样的变化。比如 20 世纪五六十年代爷爷不肯像大多数农村人一样甘于命运，面朝黄土背朝天务农，而是想方设法做生意为家里带来收入；到了 80 年代砖厂生意做得还不错，才能在那个年代提供给爸爸好的教育；90 年代之后，因为家庭经济慢慢下滑，爸爸才要出去干活。这些因素是一种隐性却深刻的背景，也具有潜移默化的影响。因此，在之后进行自我叙说过程中,如何把握每个人的历史发展背景,也是一个重要的环节。

二、透过自我叙说发现童年的秘密:责任与亲密

人们在进行自己生命故事回顾时,常常都会从生命的最开始说起,然而往往每个人的记忆都并非从出生那刻开始,而是从属于自己认为的"最早的回忆"开始的。以我为例,我的生命叙说之旅便是从自己三岁有记忆开始,一直叙说到现在的生命阶段。在自我叙说的历程中,我发现我的生命中有很多议题错综复杂,无法一下子一一整理清晰,但是以鸟瞰的角度来总结生命故事时,我发现自己已经有一套自己的行为模式,而这个行为模式的源头就在生命经验早期。在自我叙说之后,我意识到长大后好多问题其实一开始就存在,只是之前的自己没有察觉到。细细考虑、真正面对自己的生命后,就会发现人的生命发展宛如一条"跑道",从起点到目前暂时的终点,一路好像挺长,最后到了终点却发现自己又来到了起点。一切的问题归根结底,还是在最初的源头。生命的跑道既长又短,走完一圈可能会发现,自己又回到了原点。历史车轮不断前进,生命故事好像兜兜转转,类似一种循环。这一路上有些人有些事走过后可能会忘记,有些事你虽未曾提起,但一直记在心底。而我的自我叙说之旅,在经历了兜兜转转、来来回回的生命故事叙说后,返回到了"生命记忆的最初",发现了"自我责任感"的根源、"跑道上的自己",最终实现自我疗愈和成长。

(一)童年的我乖巧懂事却渴望自由与爱

生命经验从诞生那一刻便开始了,而每个人记得的生命故事从自己的最初

记忆慢慢展开。人在第一次接触到这个世界时，首先见到的就是家人，家庭系统是一个人一生一直都围绕的一个圈子。小时候的出生环境、家庭氛围等等都会对人的发展产生深刻的影响。童年时的我，在大人眼中一直是学习好、做事放心、听话懂事的"乖孩子"，我也沉浸于这种形象所带来的各种夸奖中，慢慢长大。然而，随着不断的成长，到了读硕士时，我却陷入某种危机中，而且说不出来那是什么，但那种沉重感却如此清楚。也就是在这样的情况下，我进入了自我故事的叙说，以期能够了解自己究竟怎么了。

1. 家史之重与长女的承担

20世纪90年代，我出生于大西北甘肃省一个普通的县城，记忆中家里曾经是一个大家族，爸爸兄弟四个人，我爸排行老三，年迈的爷爷奶奶是和我们住在一起的。妈妈家里兄弟姐妹五个，舅舅是最小的，她是老四。爸妈结婚是"父母之命媒妁之言"，我出生后一年弟弟紧接着出生了。当时六口之家住在一个大院子里面，四叔一家也和我们住一个院子，那时家里人多，热闹。童年时期，我一直开开心心、无忧无虑，在这个大家庭、大院子里，有家人、有玩伴，在这样的家庭下我开始慢慢地成长起来。

爷爷在我出生的时候就行动不方便，刚开始还可以自己挂着拐杖，后来偏瘫，只能坐轮椅出去。爷爷瘫痪生病多年，一直都是奶奶在陪伴。奶奶嫁到我们家后每天操持家务，也没跟着享福，爷爷脾气大，她都一直忍着。奶奶勤劳能干，属于力大能干活，干起活来和男人差不多的那种。很久以后，我发现奶奶这种艰苦不屈、任劳任怨的品格，对我未来的发展起着重要的作用。印象中的奶奶一直任劳任怨，对她，我有一种同情心，也心存一丝敬佩。就像很多人说的那样，每个成功男人背后都有一个伟大的女人。虽然爷爷不算是很成功的人，但是按照那时候的水平来说也算是还不错，奶奶则为他的发展撑起了后方的天。对奶奶的另一个印象是我从小学开始就是和奶奶一起睡的，也许是因为爸妈那段时间都要承担撑起这个家的责任，以至于没有太多时间管我们。那时候我们几个小孩，好像都是和奶奶一起睡在一张炕上。过年的时候，记得很清楚的是每年奶奶都会给我们做新棉袄，初一的早上我们就会早早起来穿上被奶奶暖的热乎乎的棉衣。之后开始给爷爷奶奶还有叔叔伯伯们拜年、收压岁钱。虽然那时候钱也不是很多，但是真的是超级开心，现在也总是觉得小时候的过年，才更有"年的味道"。

　　一个人的生命发展不仅仅是个人独特的经历，也是一个时代的体现与反映。家庭环境的变迁和社会的变革，都对个体发展产生影响。一个时代的发展塑造一代人，同时一代人在这种环境下又会产生不一样的时代转变。回看爷爷这一辈子，就是当时社会发展的见证。爷爷刚开始创业的那个年代，正处于国内改革开放后，我们家那时一家人一起做瓷砖生意，但后面由于经营不善就转行了，改行后各自做了很多其他的尝试。而爸爸这一辈，是在爷爷创造了一定基础的条件下，开始了自己的生活。在爸爸高中的时候，爸爸他们哥几个吃穿不愁、到处旅游，经济情况也还不错。到了高中毕业以后，爷爷的生意开始不行了，爸爸本来成绩平时还不错，没想到高考失利了。因此，新的阶段便开始了。爸爸也是在一个变革动荡的生活环境中成长的。爸爸说那时候家里爷爷也是经常外出，而家里就是奶奶一个人照看着。还记得那时候奶奶会抱怨没生个闺女疼自己。但在我看来，爸爸虽然是第三个儿子，却承担着老大的责任。爷爷自从瘫痪生病就一直在我们家，由我爸妈照看。爸妈潜移默化之中教会我们怎么去孝顺父母。爸爸因为各种原因没能好好把书念完，所以爸爸一直很希望我能好好学习，妈妈也因为自己没什么文化很支持我继续读研或者读博，这一点于我而言也是压力，也是动力。爸爸经历的家庭变化还是很大的，毕竟每次听爸爸讲当年爷爷是村里第一个买电视机的人时流露出的那种自豪和怀念，可想而知那时候家里真的不错。爸妈是在父母之命下结了婚，后来这种家庭经济大环境的转变，也对爸妈的生活造成影响，生活成为一种考验。之后我和弟弟的出生，又是父母生命经验的一大挑战。上有老下有小的重担，慢慢压到了他们的身上。

　　印象中妈妈也是一位"女强人"。自从家里经济不行，妈妈开始和爸爸携手，妈妈在家里的地位渐渐上升了。一直到现在家里做蔬菜零售，这也是妈妈刚开始带起来的。妈妈在我生活中替我决定了很多事情，一方面我会觉得有点太武断，一方面心底又知道她是为我好，几乎每次和妈妈的抗争总是以我的失败告终。刚开始觉得可能对妈妈的一系列独裁管控是不乐意的，但是有次和张老师叙说和妈妈的关系时，老师提出我也许"很贴近自己的妈妈"。这句话让我眼前一亮。因为刚开始和老师讨论这个问题时，我会觉得是不是我们母女存在一些分歧，但是在讨论中发现：其实我一直在维护妈妈，对于她的遭遇和经历比谁都体会得深。奶奶和妈妈这两位女性都是比较典型的中国妇女，勤劳勇敢、做事有韧性。家里男人不在时，也能够独立撑起一片天。现在妈妈已经不是年轻时候的样子了，她以前头发长得让很多人羡慕，现在头发剪短了；以前头发乌黑又多，现在有白头发了。转眼之间，爸妈都老了，而我们长大了。

　　在我的生命中，我一直明白妈妈操心弟弟是因为他真的比我小、更需要保护。我能明白妈妈，因此作为长女的我总会想着去照顾爸妈，尽量不让他们为我操心。爸妈没有那种重男轻女的思想，所以我所感受到的、得到的东西，有时甚至会比弟弟更多。或许这也是一直让我觉得很有安全感、不害怕他们会疏忽我的原因。妈妈很多性格行为方式，也潜移默化地影响着我。记得小时候，每次去姥姥家，别人一看到我就知道是她女儿，直到现在很多人还说我们长得像。或许是因为这样，大学毕业之前我一直和父亲聊的很少，但凡有机会和父亲聊天说到的基本都是关于发展、未来等比较深入的问题。然而，我和妈妈的交流，更偏向比如吃饭穿衣等生活情况。随着长大，有时在重大的事情决定上会和爸妈商量，但是生活中所经历的困难，我却很少说，基本都是自己默默承担，实在承受不了，找别人说或者自己写日记，等等。写完觉得还没有抒发完，才会让好朋友分担一下。我想这或许也是我选择"自我叙说"作为自我疏解方式的原因之一吧。以前也写日记，但是日记和自我叙说存在不同，日记可能是流水账、可能是心情、可能是事件，这很碎片化。自我叙说的过程中更多的是更具体的、整体的事件描述、情感抒发，而后对一件又一件的生命事件进行反思，让自己更好地认识自己，以后面对生活中类似事件，便能找到自己的一种生命模式，这种方式带给人的感受是长久的。

　　说到弟弟，一直以来我们都属于相互陪伴、共同成长的一种模式，但更多的是我作为姐姐的"责任感"。弟弟从小就和我一起成长着，在我童年生命的最初是承担带弟弟的责任。一直到后来在小学时一直当班长的经验，我发现自己承担了更多的责任。有时候一部分责任是社会角色带给你的，这个是无法改变的，比如你是姐姐、是长女，这些是无法改变的；还有一部分是在与社会接触过程中慢慢获得的，比如班长、儿女、学生等社会性角色，这里面包含着很多人的期待。慢慢地，一种生命的印记隐隐出现，那就是若自己要是还想继续被人喜欢，那自己就得履行好这些职责。譬如虽然学习也知道是给自己学，但是又知道不单单只为自己学。所以无形中，自己给自己也放了很大的责任在里面。虽然一直以来爸妈就很支持我不断地求学，这一点也让我觉得感受很好，但是那种生命经验中的"责任感"却不断提醒我你不能做出成绩就没人喜欢你了。

　　通过家庭环境回顾可以看出，奶奶一直以来任劳任怨照顾爷爷，让我感受到奶奶的辛苦，同时也被奶奶这样的精神所打动。而与妈妈的关系也在不断改变、矛盾中摆荡。这是因为随着我不断地成长，会有自己的想法和秘密，但是父母这时候却希望能够更多地监督孩子，以防我在发展过程中"走偏"。因此，在后期发展过程中又会产生很多矛盾。不过总体来说，我和妈妈的关系还是和谐的，我知道妈妈一直都是爱我的，只是有时候爱的方式或者表达不是让我很能接受，但自己内心还是心疼妈妈的。这也反映了中国父母与孩子的一种相处模式。从孩提时代到成家立业，父母对于孩子的监督一直加强，中考、高考让父母忧虑万分，然而孩子对于父母的情感却经历了从"强烈依恋"到慢慢"渴望独立"，但再到成年之后，自己又希望"照顾父母"这样的一个反向转变，以至于和弟弟的关系经历了互相吵吵闹闹到现在并肩扛起家庭的责任。这是一种成长，也是社会赋予每个个体的责任。

2. 大人眼中的好学生、好孩子，却渴望自由洒脱

小时候总和弟弟、四叔家妹妹、隔壁的邻居一起玩，例如我们会去菜地或者爬山坡玩。童年的我比较调皮，总是到处溜达，大一些的哥哥姐姐们也喜欢带我出去玩，我一点不怕生。后来导致我总是做事大大咧咧，偶尔会文静，但是和我熟的应该都会觉得我这人挺逗的。听爸妈说我小时候挺听话的，看着他们忙的时候也会去帮忙干一些农活什么的。3岁开始，我步入了学生时代，"学生"这份职业一开始就延续了二十多年。3岁的我开始在我们当地的一所幼儿园上小班，不知道是与生俱来的喜欢，还是环境造就，那时候就相当崇拜"老师"这个职业，想着长大了一定要成为一名教师。记忆中从幼儿园开始就当班长，脑海中时而还会记得自己在幼儿园时期，所有小朋友站成一排，我站在前面喊："一二、向前看齐、看齐，小手放下。"那时候真的无比开心、自豪。每次到了六一儿童节，幼儿园老师都会给我们排舞，而妈妈总是会到幼儿园帮着化妆、给小朋友们梳头发，等等。记得那时候，幼儿园老师给每个小朋友准备着自己的杯子、毛巾，还有好多的积木和玩具，我在幼儿园也遇到了好多的小伙伴，真的很开心。后来上到了中班，弟弟也要上学了。但弟弟比较胆小，妈妈不在弟弟就在幼儿园一直哭，最终没办法就让他和我一个班，我就得照顾他，陪着他玩耍。这样弟弟才开始好好上学了。从此，弟弟和我一起的学习生涯也就开始了。但是我觉得我这人可能有点太强势，基本上整个上学时代，弟弟都是在我这个"强势姐姐"的压迫之下吧！也不知道他有没有这样想过，但是这也让我后来一直觉得姐姐做的有点不称职。

　　三年幼儿园生活结束，我升入小学，小学又给了我很多不一样的生活。印象中有两件事情对我来说很深刻。第一，那时候我们家离学校比较远，每天都得早早起来去学校，冬天还需要拿着手电筒，而且还要过一条河；下雨还要穿着雨鞋上学，有时候遇上暴雨天河水太大，早上爸爸会穿着自己长长的大雨鞋，趟着河水背我和弟弟过河，然后自己再回去忙，中午河水太大回不去，就会去学校附近的大伯或二伯家吃饭，晚上放学再回家。小学时候去学校的路差不多都是土路，有时候大雨天到学校满脚都是泥。世事变化，现在那个河的河面上修了好几座桥，可是河水却干了。但是那时候上学的点点滴滴一直在记忆中。另一个记忆是小学一年级开始，我一直是我们班的班长，三年级我们开始分班，我和弟弟又分到一个班，我还是班长，不过我遇到了一个可以说是很好的搭档，我俩负责班上各种事物，但也无形中存在着一种竞争。她是分班进来的，和我一样也属于那种成绩优秀、深得老师信任的学生。要是老师不在，我们俩就是全权负责人，可以自己决定讲什么内容，这堂课干什么，布置什么作业，反正老师不在，"我们就是老师"。因此，小学的自我管理能力和做事能力也得到了很大的提升，也学会了自律，用一定的标准要求自己。不过同时也让我养成了"唯我独尊"的性格，总是希望别人都顺从自己，听自己的，对弟弟也是这样。但随着弟弟长大了，也有自己思想，我这样像父母一样的要求，只会让他更加反抗，然后就是各种吵架。

　　从小学到初中一直当班干部，自己有一种高高在上、被人尊敬的感觉，不太能和班上的比较差的学生一起玩。任何事情都是双刃剑，这种体验让我学到了很多的东西，但同时也让我无法体会到作为一个差等生的那种"自由洒脱"和"胆量"。记忆中，自己在小学的时候就开始思考一些东西、承担一些责任，一直以来的"好学生"形象也让自己无法像很多孩子那样去任性地做很多事情。这时候的自己会有自己的目标和打算，会按照一定的规划和要求去做事，也在这样一种班级领导的生活体验中，慢慢养成了高自尊、高要求的行为模式。这样就会导致自己坐惯了班长的位置之后，不太能很快地适应自己听从他人的生活。同时，太强的自尊心导致自己将很多问题复杂化，进而导致自己在遇到一些挫折或者困难时，不能及时调整心态，积极面对。

生命发展中的事件，均会对个体未来发展产生重要的影响。就像我"好学生"形象在小学初期就明显出现，虽然在这个阶段的自己，还没有真正达到往后会经历的升学强大压力与想真正做自己的矛盾发展阶段。然而，似乎一切冲突与矛盾，已经开始发生。因此，我的生命故事叙说暂时驻留在此，我想回到我更早的童年之中，尤其是家庭经验，细细地探究自己生命故事的早期经验，以探究自己早期身上的冲突与矛盾。

（二）在最早记忆中发现独立坚强与爱的渴望

1. 家的承担及其放下的爱

童年生命经验对个体的发展具有重要的作用，很多依恋模式或者个体性格等均会受到早期童年经验的影响。因此，在我完成并与张老师初步讨论第一版迄今人生旅程的生命叙说之后，我和张老师进行了一次关于"生命最早记忆"的绘画探索。以绘画的形式来探索"生命最早记忆"，希望在绘画中，找到自己觉得在最早回忆中最能表达事物"具象化"的一个过程。关于最初的记忆并不具有真实性，但一定是自己内心中、脑海中最初的、印象最深刻的、心中首先浮起的画面，就像电影的一个特写镜头。在那个场景中，仿佛能感受到当时的天气、温度，以及种种生命气味。就这样我开始在脑海中不停的搜索，这个回忆到底该是什么样？最终脑海中出现了两幅画面：一幅是妈妈对我曾经的照顾，而另一幅是我小时候的一种模糊记忆，也就是图1的内容。思前想后，总觉得第一幅场景呈现在纸上的时候不太具体,而且会觉得稍微有点空旷,于是最终决定将那幅模糊的记忆画下来,于是就有了图1这幅"其乐融融的大家庭"。而这便是我的生命故事的起点,那时的我三岁。一般来说三岁左右孩子的记忆还是处于一种模糊的状态,到底为什么自己潜意识中会将三岁作为自己的生命开端,这意味着什么?这个最早记忆内的生命情感象征是什么呢?为了更好地探索这记忆最初的产生,我想我得从印象中"最初的这个家"叙说起。

图1 其乐融融的大家庭

图1总体呈现的是我们家最初时候的布局以及我记忆中这个大家庭相处的场面。当时家里地方大、院子大、人多。当时我家有一个大铁门(图一左侧),我们有时候还会站在大铁门上荡来荡去玩。记得很清楚的是那个大门口有棵大槐树,我们还会在那个树上绑跳皮筋、摘桑叶养蚕。铁门进来就是很大的院子,在院子里平时会干活,这个院子的上面那部分空地,是我家后来盖新房的地方,而旁边是拉东西的架子车,那个空间大小相当于一个车库。车库对

面是放农具的地方（图的下侧），比如铁耙、背篓、铁锨，等等。旁边有罐子的小房间是四叔曾经做豆腐生意的豆腐坊，里面有很多做豆腐的坛子，等等。四叔家的妹妹小时候就是因为在这里不小心打碎了一个坛子，结果脖子被割了一下，现在都还有一个疤痕。可能也是因为这个原因，对这个事情记得还是挺清楚的。农具房的另一边有一个小门，这个小门通向菜园子，那时候园子很大，蔬菜水果都有。每次到了收获的时候，我们就能吃到最新鲜的西红柿、黄瓜、苹果、桃子等。小门旁边的地方是厕所、猪圈、鸡圈，也就是大门的旁边。记得小时候过年的时候，在这还看爸爸杀鸡，小时候胆子最大，啥都不认识，所以什么也不怕。还记得我家门口那时候总会养条狼狗（大铁门后），不是小的那种而是大狼狗。虽然有时候也害怕，但是知道狗可以看家护院。印象中我家一直都养着狗的，到现在也是，觉得狗比起其他动物更忠诚可靠吧。说到这里，前院格局就基本介绍完了。

接着介绍一下居住区。院子和住的地方有一个圆形的拱门（图1中间偏右），这个拱门历史也很悠久。拱门的旁边是我们家的厨房（图1拱门上方），不是很大、玻璃窗户。厨房旁边的建筑是一个小二层，是我家的一个化肥店，而这两个建筑中间有一口水井，因为经常会在那打水，印象也是比较深刻。化肥店旁边有一棵杏子树，一到秋天就会结很多又大又好吃的杏子。杏子树旁边就是那时我爸妈和我们小孩住的地方。这是一个小洋楼两层的，楼梯在房子外面。记得好像爸妈住在二楼，一楼是客厅，而我第一幅未画的情景就是在这个小洋楼的客厅发生的（这部分后面进行叙述）。小二层的旁边就是四叔家的房子，四叔家也是分两部分，前面是前厅，后面是卧室。再过去的一个房间就是爷爷奶奶的房间，爷爷奶奶的房间是左右分开，一间是房子的前厅，另一个是卧室。印象中好像我上小学之后和奶奶就睡在这里。爷爷因为那时候身体瘫痪，就在另一张床上睡。然后爷爷奶奶前厅的外面是个小花园，有向日葵、荷花等。这就是院落所有的布局。

最后，说一下画面中的几个人。那时是一个明媚的下午，阳光温暖，微风习习，院子里爸爸妈妈、爷爷奶奶、弟弟妹妹们一家人欢声笑语。爸爸在小门那边（图1左下角），备着背篓准备要去外头地里。图1偏上那三个人，左边长头发那个是妈妈，她在院子里收拾油菜，奶奶坐在凳子上把油菜捆成一把把的，爷爷因为身体问题，坐在轮椅上晒太阳，看我们干活。而我和几个小孩在一旁玩耍（图1中间偏下）。因为怕打扰大人干活，所以就在另一边玩。小时候很多玩具都是奶奶亲手做的，比如沙包、毽子，等等，都可以玩得很开心。弟弟妹妹比我都还要小，我总是会带领着他们，比如说那时候距离学校挺远，走半个小时才能到学校，但我们去的路上几个人总是开心地跑来跑去。

　　根据弗洛伊德的潜意识理论，人的潜意识会在笔误、口误等无意识的情况下自动产生。而我最初想画却未呈现的情景，也许一定程度上蕴含潜意识相关经验。因此决定介绍一下我那一幅并没有画出来的场景，那个场景是在我家那个小洋楼里面发生的。当时我和妈妈在一楼，很清晰地记得妈妈在喂我吃我最喜欢吃的方便面，而我在看电视里那时候很火的《新白娘子传奇》。我不知道是因为大人们告诉我，还是自己真记得自己喜欢吃泡面，那个时候觉得自己就还像一个小孩子，被妈妈宠着、保护着，很亲密的感觉。可是不知道什么时候开始，自己越来越独立，这种宠爱、亲密就慢慢觉得已经不是自己该有的了。可能自己要承担起一些责任，而不是让爸妈再去照顾。这个场景中，弟弟好像没有太多的印象，只是记得好像他应该是在旁边睡觉，我和弟弟只差一岁，那会儿应该也四五岁了。这幅画面里只有我和妈妈，爸爸不知道是去干活还是出去了，但是印象中父亲应该是外出挣钱了。所以一直好像就是妈妈在照顾着我们。这个画面让我觉得温馨、舒适，同时让我觉得很感动。有家人的陪伴、有家人的照顾，这时候自己还可以像"小孩"被宠着。但是随着慢慢长大，这种东西就真的在我看来成为了一种"奢侈品"。这种爱也许只有在你很小的时候唾手可得，但是长大了、懂事后，我就明白了"任何的爱是需要交换的。无条件地爱与被爱都是不存在的。所以慢慢学会去照顾人、去爱人。"

经过和张老师的探讨、自我反思,我发现这种类似无条件的爱及其中的亲密感,不知什么时候,对我而言成为了一种"奢侈品",以至于我慢慢放下了这个东西,最后去承担起责任,然后用这份责任,去得到自己的想要的"爱"。而这样的爱,亲密感却不复存了。

2. 第三视角分析:一个独立坚强小女孩的成长之路

看到最初记忆的那幅图时,虽然描述了图中的内容,但仍然有很多困惑,无法有一个整体的理解。我一直沉浸于故事及其复杂情感之中,但在这个时候自己感觉缺少一种理性视角去认识自己所经历的事物。之后为了能更加深入地了解这经验,老师建议我用第三视角去看事件本身,但尽可能融合理性与感性,从而有一个较远的距离却又不失情感的位置去看待生命的问题,进一步全面地认识自己(尤娜,叶浩生,2005)。只有站在一个更高的角度,才能体会"一览众山小"的感觉,当我把自己看成事件的评论者,把图中的小女孩当成一个"客观个体"之后,体验到的东西的确发生了改变。我开始思考这个小女孩经历了怎样的大环境?这个小女孩到底是发生了什么才会放弃自己想要的那份宠爱(未描绘出来的图像)?最终选择了这个大家庭画面(图1),并且让自己更加坚强独立?以下就是关于这幅画中女孩的"第三视角"叙说。

从前有个小女孩,奶奶起名"苗苗",再后来上学时爸爸又起了一个学名。小女孩从小品学兼优、人人称赞,用现在的话来说就是"别人家的孩子"。也因为这样的标签有时候会让她有很多的压力,不能像一般普通小孩一样自由自在做自己的事。慢慢地她就好像习惯了一样,在享受别人称赞时,也把它当成了获取"爱"的方式。以至于后来认为"只有做到别人期待的样子才会被人一直喜欢"。这个小女孩很小的时候，也是爸妈的宝贝，不过那时候因为小，就认为一切的爱就是无条件的。爸妈照顾你是他们的责任，所以那时候小女孩被照顾得很好，每天都过得很开心。家里也还可以，所以那时候的小女孩只需要做一个孩子就行了，自由自在、无忧无虑。上学之后她的角色慢慢转变了，不只是一个小孩，也是一个学生了。那时候也因为自己是姐姐，这个小女孩就像一个承担责任的小大人，开始慢慢懂事了。这个小女孩从小受爸妈教育熏陶，一直好好学习，用爸妈期待的那种学生、姐姐的样子成长。因为上学后她不是一个小宝宝，她不再是需要被人保护的那个了，她需要照顾弟弟。于是，小女孩就按照这种期待成长着。一直以来她也做到了，她学习成绩优异、乖巧懂事、做任何事不让爸妈多操心，而且开家长会爸妈经常是被表扬或者发言的对象。小女孩做到了爸妈想要的那种样子，但是她心里有时候还是会想："要是自己生下来什么都不行，爸妈会不会就不爱我了啊？"这种想法常常会在自己奋斗到一种自我效能感很低的时候产生。但是她也知道，自己这一生不会重新开始，自己应该做的是更好地实现自己，而不是去怀疑不可能再改变的事情。小女孩一直以来在爸妈看来就是很坚强的一个人，但是她也时常会哭泣。而小女孩总是在爸妈面前报喜不报忧，也许弟弟有啥问题就给爸妈说了，可是一直以来的懂事让小女孩觉得自己已经是大孩子了，应该替爸妈分担一些责任。而目前来说自己能够做的就是做好自己，不让他们操心。

这个小女孩人长得不是很高大，第一眼看着可能也是那种乖巧懂事、小可爱的类型。但是这个小女孩有着自己强大的内心、有自己的计划和方向。通过这些画面的分析，可以预测这个小女孩有着想要去"承担统领这个家族的心"。她从小就有这种主动承担责任的意识，这也可能是她想要主动管弟弟、管理班级等的原因之一吧。可以想象到这个小女孩乖巧懂事，会朝着父母期望的方向努力。虽然有时候会叛逆，想要挣脱，但自己内心其实对于这种道路是赞同的。小女孩在之后的发展过程中，在这样一种重压之下可能会感受到很多压力，但是从图片可以看到家庭整个系统给予她的支援还是很多的，所以尽管会遇到社会各种因素的困难，小女孩会是积极努力的。家庭系统会使她保持积极向上、乐观开朗的心。

　　结合家庭背景以及图画展示进行分析。小女孩从无忧无虑到开始考虑很多东西，一方面是每个人的社会角色决定的，小女孩在一定程度上也似乎认同了这些角色设定，因此慢慢开始按照角色设定做着很多事情。另一方面，家庭环境、父母一直的教育以及弟弟的弱小，让小女孩自觉弥补家庭空缺位置，帮忙家人干农活、承担责任，虽然有时候挺累，但现在想来帮家人干活有助于增强体质、强化责任感、能让孩子懂得珍惜感恩，利于孩子更好成长。否则最后只能培养成学习的工具，不利于未来的发展。总体来说，小女孩在成长过程中受到社会家庭、自身性格等方面的影响，这种影响是压力也是动力。这个小女孩小小年纪懂得承担，会有压力，但是总体来说整个家庭氛围提供了一种正向的作用，之后小女孩的经历会让自己成长，成为更好的自己。

三、重返童年大门：拾起失落的渴望与迈向自我的整合

　　为一个人或物命名，包含着某些特定的寓意、象征。关于最初回忆的图，我起名"其乐融融的大家族"时通过细细分析我整篇自我叙说文本之后发现许多生命经验的段落小标题目中，都存在着"美好"的文字注解，这好似说明了我对自己生命的理解。曾经拥有的，在经过时间的发展后都成为了"曾经"。接下来，便是关于最初记忆画面的进一步叙说与理解。首先，张老师让我选择一个整张图若要裁减，自己想要保留的部分？我很自然地选择了那部分有人的（见图2）。因为这些让我觉得更有温度、更有生机。

图 2　家庭的分工与责任选择

　　选取完之后，我发现整个画面给人一种很"空"的感觉，好像这个小图被分成三个世界。我们小孩是一个世界，妈妈爷爷奶奶是另一世界，爸爸是一个独立的世界，而且我觉得我们和妈妈那一边隔着很大的一个东西。但是又不清楚这中间到底是什么？之后，张老师说如果这幅画面若可以拆掉调整你想要怎么做？我果断提出希望爸爸能回来而不是出去，这时候会觉得爸爸离得有点远。所以要是能重新调整这幅图，就希望爸爸在家里，站在我们中间，这样他既可以看到我们又可以随时帮助妈妈他们。这时候突然觉得爸爸是一个纽带、一座桥。因为爷爷身体不好，弟弟又小，所以这个家得需要一个人去支撑、掌事，也就是"一家之主"。爸爸角色就像是这个家的"主心骨"。邓明宇（2005）曾指出在家庭中每个人都有自己的角色，如果家庭内的成员想要摆脱被要求的角色，这个家就会产生倾斜，产生了家庭内的冲突和不安，尤其对于核心家庭，没有太多的支援系统，这种角色填补的压力会很大。而在我的生命现实中，却是爸爸出去挣钱了，这个角色的承担缺失了。所以在这时候我的"自我"转化为"小男孩"去慢慢帮助管理这个家，接替这个位置。自己仿佛接管了某个位置，但也失落了什么。但人失落的东西很大部分只是被掩藏起来，这些东西在某个时刻也许会突然以其他形式重新出现。我发现也就是在这时候，我养成的顾家概念，让自己认为是和家庭捆绑在一起的。随着不断成长，"想自由的自己"和"被家人捆绑的自己"之间、"亲密温暖"和"责任承担"之间，在我不知道的内心深处便出现了抗争。

借由生命最早回忆的分析，我发现自己生命历程中一直都在"顾大局"，太累的时候又总是想让自己放下这个大局，可一直以来形成的很多东西，却让自己又做不到只是过自己的生活。譬如说曾经想放弃一切去追求爱情，真正做一次自己，结果没想到是一败涂地。那种不甘心，想要去控制一切的想法最终全部破灭，感受到很多事情其实强求不了。借由隐藏的早年记忆勾勒出童年失落的经验或隐藏在内心的东西，但是现实社会却一次次告诉自己"那些都不现实，还是靠自己才更真实"。我可以怎么办呢？很多时候某些心理需求"别人"是没办法给自己、也要不到的，得"自己"想办法去完成自己想要的那些心理需求，自己要努力"成为自己的父亲母亲"。也就是说，当自己一方面愿意承担生命责任、去爱别人时，同时也要不假外求地自己照顾自己、爱自己，更甚，也愿意开放、享受被人所爱（张继元，2019）。经过自我叙说以及对自己童年，尤其是"最早回忆"的发现与重新理解，我有机会发现自己早期生命图像中曾经的拥有、责任，以及失落的亲密。未来，自己将以此为基础，踏上更为圆满的"自我整合"之旅。

四、"跑道上的自己"：拾起失落接纳、欣赏自己，持续生命的探索

自我叙说之旅可以是阶段性的生命经验，也可以是整个生命经验的叙说，

但重要的是在自我叙说、自我反思和情感体悟中，能够贴近自己、发现他人，并且好好地努力生活下去。在这人我关系之中，家庭经验往往是自我叙说中极为重要的一环。每个人的家庭环境无法选择，而往往一个人从出生开始接触最多的也是家庭，因此家庭可说是相当深刻地影响一个人的生命发展，同时个人的生命发展也会影响着家庭的发展。以我的生命发展为例，在爷爷的生意不行后，爸妈努力地提供资源和帮助供我们长大，而我作为家中长女亦感受并自觉承担家庭责任，这种责任也成为我从小到大发展的一个很重要的生命动力。但随着爸妈年龄的增长，慢慢地有一天他们会退下来，而之后的生活就必须由我自己争取，我要承担整个家庭的责任，因为爸妈在潜移默化中教化我们要赡养老人。然而，本来一直认为这个家的未来只有我要承担的想法，借由这次的自我叙说，我却有了新的理解：弟弟会与我一起承担这个责任。对姐弟关系及其对家庭作用的视野改变，是这次自我叙说的意外收获之一。原本在自我叙说初期，我总觉得谈论弟弟很少，一开始我对弟弟的记忆也是从初高中才有的。但通过与张老师讨论和思考，以及对自己的生命有更深刻的理解后，我对弟弟的认识有了新的理解。虽然过去有时候会和弟弟争吵，又要担起照顾弟弟的责任，但是在曾有的独生子女政策下，却让我和弟弟有机会互相陪伴、彼此一起成长这一层经验。这让我有机会发展出另一个未来图像：这个家的责任是我们一起共有的，以后我们姐弟俩会一起承担起对爸妈、家庭的照顾。回顾并重新理解家庭早期劳动内容的变动及其对家庭的影响，让我有机会更细致地认识自己的原生家庭发展，也更加能够体会到生活的不易。我的父母一直以来皆对我们小孩倾心付出，也让我能保持着向上的心、不断追求自己的梦想。父母的支持、鼓励和监督，对我来说是一种激励，让我能够更好地成长。然而事情往往是一体两面，这样的处境和经验，一方面偶尔会觉得这样压力太大，偶然也会羡慕那种可以随性做自己的人，甚至感受自己失去了温柔与亲密，但是以另一角度来看，这也确实让我学会承担责任，体现自己的价值。人类作为一种群居性动物，不可能只是依靠自己、为自己而活，很多时候这种价值会让个体感受到一种被需要，也使得个体能够更努力地去奋斗。这或许也是有些人想要承担各种责任，甘愿奉献的原因之一吧！

在这次自我叙说探究后期，我有机会通过张老师的穿针引线，在学院的研究所心理咨询课堂和精神分析学习小组的生命叙说分享会中，和他人进行生命经验的分享与交流。两次的经验让我越来越感受到生命家庭背景对于每个人成长发展的重要性，家庭背景是改变不了的，但是不同的家庭背景又有共性。同时每个人在每个阶段的生命故事又各自不同，现在的我们考虑的是学习、家庭，之后结婚生子又会发现到了新的家庭，面临的生命故事又开始变化。另外，独生子女和多子女家庭各有各的优劣与影响，例如独生子女很可能需要承担的是两个家庭、四个老人的赡养，而多子女家庭就相对在这点会轻松些。这些因素也点点滴滴地在塑造每个人不同的使命。此外，在叙说分享之后我也渐渐感受到自己的小时候那种责任感并不是个例，还有很多的人也是有一样的困惑和压力，譬如有些人会参照我的经历，开始反思同一事件为何会有不同的反应。这在我看来就是自我叙说的一种疗愈，因为原来的观念开始慢慢松动，开始意识到问题，当问题提到意识层面就说明变化开始启动了。这不也是自我叙说的一种力量吗？

在这篇文章中，既是作者又是叙说者的我，在这次生命故事的自我叙说中，也同时担任了说者和听者，在说与听之间，也才更清楚知道原来自己是怎么看待这些事情的（倪鸣香，2006）。而根据McAdams生命故事的认同模型，人在青少年后期和成年早期才开始建构和内化综合性的生命叙事，并在接下来的岁月里致力于成就这些故事（McAdams，2007）。然而从我的经验来看，这一切可能来自更早的生命经验，从童年时期开始，那时我便开始建构起我对家庭以及自己人生发展的蓝图。在回顾了整个自我叙说历程的基础上，我尤其深入自己童年经验中探索，从中发现了多面向的自我（施铁如，2010），尤其是发现"跑道上的自己"、奉献和扛起家庭责任的自己，同时也触碰到了一直以来内心深处中的那个渴望爱、亲密的独立小女孩。在未来的生命发展上，希望自己不仅能够拾起失落的亲密感，也要努力成为会爱人、珍惜被爱，同时也拥有爱自己能力的人。但是，此时此刻对我而言，真正重要的或许是对现在的自己的"自我接纳"，甚至"自我欣赏"。以我的自我叙说文本来看，我发现自己是一个自尊心强、好胜心较强的人，所以也导致自己总是在默默地和内心深处的自己做挣扎。这种心理活动的斗争也让我在生活做事、选择时有点犹豫。但只要等到我一旦下定决心，又会很坚定地去实现。一直以来，我害怕失败、害怕被人看低，因此有时候不愿意展现真实的自我、不能直接地表达自己的需求等。也因为怕被别人不喜欢，于是会先给自己筑起一道墙，等到当我慢慢了解别人之后，才会慢慢开放自己。还有，遇到重大的人生抉择会有自己的想法，但是不敢去重新尝试，不愿意接受失败。以上种种也是在接下来我的生活和工作中，需要提高认识与面对的问题。每个人在发展过程中，更多的应该是做到一种"自我接纳""自我欣赏"。只有真正地接纳自己、自我欣赏，才能够活得更加真实、幸福、快乐，否则太多的面具和假装只会让人越来越累，活得真实才能活得洒脱。真正的自我接纳也许是一个漫长的过程，需要慢慢进行，我们要学会接纳那个时而前进、时而退后、时而又原地徘徊的"跑道中的自己"。

我的生命叙事探究之旅还没有走完。童年之后的我，进入了初中、高中以及进入大学，而这些都是一个个鲜活的生命经历，在等着我去探究。这些经历带给我的又是什么样的感受以及成长呢？我还在继续探索。现在的我，宛如一个生命的初学者，仅看到了生命的皮毛，但每一次的自我叙说带给我的感受却是真实、持久的。我还会继续在这条路上探索自己，一点一滴地找到那个"灵魂深处的我"。未来生命经历还有很多，接下来我还会继续在跑道上，寻找并朝向更完整的自我。

参考文献

丁兴祥、张继元.(2014).生命诗学:心理传记与生命叙说的新开展.生命叙说与心理传记学,2,1—24。

尤娜、叶浩生.(2005).叙事心理治疗的后现代视角.心理学探新,25(95):6—10.

任守云.(2009).小小的"我":一位留守儿童日记中的自我叙事.中国农业大学学报(社会科学版),(4).

李文玫.(2015).相遇与交融:研究者、研究方法与研究参与者互为主体性的开展性历程.生命叙说与心理传记学,3,25—53.

李文玫.(2017).走一趟生命文本的反思旅程:从文本解读的观点再看叙说心理研究.生命叙说与心理传记学,5,1—23.

李明.(2016).叙事心理治疗.北京:商务印书馆.

宋文里.(2015).叙说方法论的再反思(一):如果在雨天一个客人/叙说方法论的再反思(二):叙事、意识与事事之法.生命叙说与心理传记学,3,1—24.

林韶怡、蔡敦浩.(2013).自我叙说的再回观:经验、书写与批判.应用心理研究,57,1—4.

施铁如.(2010).口述历史与叙事心理学.广东第二师范学院学报,30(1),44—48.

夏林清.(2012).斗室星空:家的社会田野.台北:财团法人导航基金会.

倪鸣香.(2006).「生命口述传记研究」研习手册.质性研究方法研习工作坊.台湾政治大学,台北.

翁开诚.(2002).觉解我的治疗理论与实践:通过故事来成人之美.应用心理研究,16,23—69.

许育光.(2013).知行于「我注六经」与「六经注我」之间:自我叙说探究的善、美、真、圣等人生处境面对与追寻.应用心理研究,57,8—20

张继元.(2019).度男魂女魄之情:徐志摩的解放与实践(未出版之博士论文).辅仁大学心理系,新北.

彭杰.(2018).这就是我,颜色不一样的烟火——4岁左右儿童自我初成的叙事研究.

当代学前教育,63(01),45—48.

邓明宇.(2005).从沉沦走向能动:一个谘商实务工作者的自我叙说到社会实践.应用心理研究,25,115—142.

Bruner, J. (1987). Life as narrative. *Social Research*, 54 (1), 11 - 32.

McAdams, C. R. & Schmidt, C. D. (2007). How to help a bully: Recommendations for counseling the proactive aggressor. *Professional School Counseling*, 11 (2), 120 - 128.

Self on the runway: A girl's self-narration

Zhang Lei   Chang Chi-yuan   Yang Ling

(School of psychology, Northwest Normal University, Lanzhou 730070)

/ Abstract /

Through the summary and review of the author's current life experience, this paper takes the author's childhood life story as the research content. Use the methods of self-narrative to review and sort out the past life experience, and then explore the earliest life experience of the author's own understanding more deeply by combining self-narrative and painting after analysis. At the same time, in this process of life narrative, the author feels a kind of warmth and healing, and discovers the influence of self-early experience on the future development, and finally realizes self-healing and growth.

/ Keywords /

Life image, self-narrative, intimacy, responsibility, healing

自我整合感：老年人联通过往与未来的桥梁

刘燕平[1]* 郑剑虹[2] Gertina J. van Schalkwyk[3]

([1]红河学院心理学系，蒙自，661199)

([2]岭南师范学院心理学系暨特殊儿童心理评估与康复广东省高校哲社重点实验室，湛江，524048)

([3]澳门大学心理学系，澳门氹仔，999078)

/ 摘 要 /

自我整合感是老年人在回顾生命时为获得意义感而平衡内外因素的一个过程。自我整合感的发展与老年人的多种心理社会因素有关，例如死亡焦虑、怀旧行为、智慧及心理健康等。通过对已有文献的质性综合分析发现，老年人可以通过生命回顾、重新处理先前阶段的发展任务以及死亡准备处理自我整合与失望的危机。未来的自我整合感研究，可以借鉴叙事研究的理论与方法以弥补自我整合感实证研究结果矛盾的尴尬，同时着眼于特定亚文化以建构扎根于特定群体的理论。

* 通讯作者：刘燕平，讲师，博士，E-mail: 723552504@163.com

／关键词／
自我整合感，质性综合分析，渠道

一、引言

在埃里克森（Erikson）的心理社会理论中，自我整合（ego integrity）是第八阶段的发展任务，是前七个阶段发展的"结果"，是人们"为寻求秩序和意义而不断增强的自我确认"（Erikson，1963，p. 241）。埃里克森认为，老年人的发展以平衡自我整合与失望冲突为主题，获取智慧和一种"统合与整体感"（Erikson，1998，p. 65）。多个后续的自我整合感理论（Hearn et al.，2012；Jeong & Oh，2015）和实证研究（Dezutter，Toussaint，& Leijssen，2014；Phillips & Ferguson，2012）支持了该观点。

失望与自我整合是一个连续光带的两端（Westerhof, Bohlmeijer, & McAdams，2017），大部分人处在二者之间（Hearn et al.，2012；Torges, Stewart，& Duncan，2008）。作为老龄化过程中的重要议题之一（Martin et al.，2014），自我整合感与多种心理状态相关，比如死亡焦虑（Erikson，1963；Fishman，1992；Walaskay, Whitbourne, & Nehrke，1983-1984）、怀旧或生命回顾行为（Afonso, Bueno, Loureiro, & Pereira，2011；Meléndez Moral, Fortuna Terrero, Sales Galán, & Mayordomo Rodríguez，2015；Xiao, Kwong, Pang, & Mok，2012），以及心理健康（e.g.，Chang et al.，2008；Dezutter, Wiesmann, Apers, & Luyckx，2013；Phillips & Ferguson，2013；Westerhof et al.，2017），等等。

自我整合感为老年心理学研究提供了重要的理论支撑（Martin et al.，2014），对自我整合感理论的应用，有助于增进对老年人群的了解，应对我国老龄化加剧带来的挑战（Fang et al.，2015）。不过自我整合感的研究一直存在需要应对的难题（Westerhof et al.，2017）。鉴于成年期人格发展理论的匮乏，伍兹和威特（Woods & Witte，1981）惊讶于考察埃里克森理论中自我整合感的研究如此稀少。25年后，詹姆斯和扎雷特（James & Zarrett，2005）继续提醒我们，自我整合感是一个概念模糊的建构，在埃里克森著作中着墨最少。最近几年，尽管仍然缺少"充分的实证研究支撑"（Westerhof et al.，2017，p.1），我们确实见证了自我整合感研究的进展。鉴于已有文献对自我整合感界定的模糊性，我们开展了一项针对"自我整合感"概念的质性综合分析，探究已有的文献如何界定自我整合感；在文献回顾的基础上，识别出三种获得自我整合的渠道，并对未来的自我整合感研究提出了建议。

二、自我整合感的界定

在埃里克森看来，从成年期过渡至老年期，个体的心理危机由繁殖感与停滞感转向自我整合与失望。老年人在回顾生活时，如果意识到所剩余的时间已不足以追求未曾实现的目标或开始新生活，可能体验到厌恶、失望并对即将到来的死亡感到恐惧（Woods & Whitte，1981）；相反，若接受了已有的生活，认识到这就是"自己唯一的、甚至是必然且无可替代的生命旅程"（Erikson，1963，p.241），就能建构一种生命意义感并获得智慧。这是一个融合了"整体性、关联和交互"的自我重构过程（Erikson，1998，p.112）。

可惜自我整合感不是一个界定清晰的概念（James & Zarrett，2005）。埃里克森在其著作中也仅"指出了第八阶段发展的几个组成部分"（Erikson，1963，p.241）。概念的模糊性可能是导致自我整合感研究结果相互矛盾的根本因素之一（Fishman，1992）。研究者们使用了同一个名词，即自我整合感，但研究的侧重点并不一致。为促进交流，有必要形成对自我整合感更一般性的描述，我们因此开展了针对"自我整合感"概念建构的质性综合分析（qualitative meta-synthesis，Paterson et al.，2009）。

第一步，界定研究问题。我们将本次分析的问题设置为：作为成年后期发展阶段的一个特征，自我整合感在发表自 1990 年至 2018 年、由心理学同行评审的论文中如何被界定？将起始年份限定在 1990 年，是因为我们发现：自 1990 年开始，以自我整合感为主题的论文出现了快速增长。

第二步，收集文献。我们用关键词——ego-integrity，ego integrity，ego integration 以及 整合、自我整合感——在如下数据库中搜索目标论文：PsycInfo，ProQuest Psychology Journals，Web of Science，Springerlink，Google Scholar 以及中国知网、维普和万方数据库。初始搜寻后获得 202 篇全文文献。阅读文献标题、摘要后，我们保留了其中 20 篇以 ego integrity，ego-integrity 或 integrity 为标题（本次综合分析的现象）、给出了关于自我整合感定义或操作性定义（标准是有诸如"是""定义为"等主动性动词）、经过同行评审并发表于 1990 年至 2018 年 12 月的心理学论文（本次质性综合分析的背景）。

第三步，选择适合文献。仔细阅读 20 篇文献后，我们排除了 3 篇发表于护理学杂志、其作者来自护理研究机构的文献。在阅读其余 17 篇文献时，我们注意到它们对自我整合感的定义具有一致性或出现重复，据此判定：为理解自我整合感的概念建构，所需资料已达到饱和。

第四步，析出关键信息。反复阅读这 17 篇文章后，我们析出了界定自我整合感的关键内容，用 Excel 表展示其关键信息：文献来源、研究设计、研究参与者、研究背景、研究特点、原文关于自我整合感的定义。我们把原文放在手边，以便将析出的信息与原文对照，确保我们对每一个定义的理解都嵌套在原文背景下（Paterson et al.，2009）。

第五步，综合分析资料。质性综合分析通过文献间的对比、搜寻出现在不同研究中的主题并进行统合（Paterson et al.，2009）。我们认为，理解自我整合感如何被界定时有四个基本成分：主动性动词，现象（自我整合感）、人群

（与自我整合感相关的人）以及情景。在阅读文献后，我们决定使用"自我整合感是一种某些人用来在某种情景下做什么的东西"引导分析。我们对从每一篇文献中析出的信息编码，分成三类：是什么，对谁而言，用来做什么。在每一个类属中对比所有析出的信息后，我们从所分析的17篇文献中发现：

自我整合感是一个过程。如下几个概念被反复用以指代自我整合感：过程、感觉、方式、能力、属性、集合、反映、焦点、任务和状态。我们将其分成三组：（强调发展程序的）过程，（去做什么的）方式，以及（由某种行为导致的）结果。讨论后我们决定采用"过程"一词，它可以描述事情的发生、发展和结果，能够体现出自我整合不断演化这一重要特征（James & Zarrett, 2005）。另外，将自我整合感视为一个发展过程，与埃里克森的全程发展观一致（Erikson, 1963），也与视自我整合感发展为一个非线性循环的观点相符（Logan, 1986; Sneed, Whitbourne, & Culang, 2006）。

自我整合感是通过生命回顾以平衡内外因素的一个过程。多个行为被用来描述人在自我整合时的表现。例如"处世（operating in the world）"（James & Zarrett, 2005），"接受已经历的生活、接纳当下的自我"（Torges et al., 2008），"与过去和解、在面对死亡时找到意义感"（Dezutter et al., 2013），"包括了冲突和解、接受已有的生命旅程并理解生命的有限性"（Afonso et al., 2011）。对比这些描述后，我们认为，平衡各种重要的生活议题（积极和消极）是整合过程中更基本的特点。另外，生命回顾或怀旧是自我整合的要件（Erikson, Erikson, & Kivnick, 1986），反观过去（James & Zarrett, 2005）是自我整合的表现。这17篇文献中重复出现诸如"反思他们的生活"（Van Hiel & Vansteenkiste, 2009）或"反观一个人的生命"（Vuksanovic, Dyck, & Green, 2015）这样的陈述。如德祖特和同事（Dezutter et al., 2013）所言，自我整合的过程只能通过回顾并重构过往生活而得。使用"内外因素"一词，我们旨在强调自我整合过程所涉及的广泛内容：它既包括诸如生活事件、疾病、衰老等偏向外部的因素，也涵盖个体如何感知上述外部因素、如何将其与自我融合，以及进一步与外部世界发生交互作用的过程。

自我整合旨在建构意义。自我整合指向生命意义（e.g., De Guzman et al., 2011; Hui & Coleman, 2012; King & Wynne, 2004; Wiesmann & Hannich, 2011）。生命意义显示出"个体在一个更深的层面接纳了自己及他/她的生命"（Torges, Stewart, & Duncan, 2009），能"让个人生活得以完满，并将生命想象性地加以延伸"（Hearn et al., 2012）。生命意义之于自我整合感具有整体性（Sneed et al., 2006）、连贯性（Wiesmann & Hannich, 2011）、持续性和一致性（Afonso et al., 2011）、自我价值（Meléndez Moral et al., 2015）、内心和谐与心理健康（Van Hiel & Vansteenkiste, 2009）等特征。在回顾生命时体验到意义，个体更多地感到随年纪增长而来的智慧感（Vuksanovic et al., 2015），更少地感到恐惧和失望（Hearn et al., 2012）、凄苦与怨恨（Van Hiel & Vansteenkiste, 2009）。

自我整合感对于老年人是重要的。所分析的研究开展于亚洲、欧洲、美洲和大洋洲，显示出地理上的多样性。研究参与者分布具有相对的广泛性，包括了男性和女性、健康及有身心困扰的人群，以及不同教育层次的人群等。在年龄方面，尽管开展的纵向研究（e.g., Torges et al., 2008, 2009）和包含更年轻参与者的研究（e.g., Westerhof et al., 2017; Vuksanovicet al., 2015）提示我们，自我整合感不限于成年后期，但大部分参与者都超过60岁，这似乎意味着自我整合感对年长者更重要，尤其是那些超过了65岁的退休人员（Hearn et al., 2012）。自我整合感对老年人重要——这个观点在所分析的材料中具有一致性。

根据上述质性综合分析，我们凝练出了一个自我整合感的定义：自我整合感是老年人在回顾生命时为获得意义感而平衡内外因素的一个过程。该定义以"自我整合感是一种某些人用来在某种情景下做什么的东西"为引导，在分析已有文献的信息后，回答了自我整合感是什么（是一个过程）、对谁而言（自我整合感的对象主要是老年人），以及用来做什么（旨在获得生命意义感）三个问题。

三、实现自我整合的渠道

（一）生命回顾

自我整合感的实现在很大程度上取决于人们回顾过往的意愿（Torges et al., 2008），就像回忆、回顾或怀旧，是老年人实现自我整合的必然行为（Erikson et al., 1986）。作为一种怀旧行为（Fishman, 1992; Pinquart & Forstmeier, 2012），生命回顾有助于将消极记忆重构为更积极的叙事，获得生命意义感的同时为即将到来的死亡做准备（Boylin, Gordon, & Nehrke, 1976; Erikson, 1963; Fishman, 1992; Liu & van Schalkwyk, 2019）。那些对怀旧持开放态度的人，更倾向于寻找自我认同，也就因此更容易将积极和消极经验融合到一起，实现高水平的整合（Westerhof et al., 2017）。

但生命回顾与自我整合的关系在实证研究中表现得相当复杂。对居住在养老院（e.g., Boylin et al., 1976）和非养老院（e.g., Carlson, 1984）老年人的研究，显示二者间有正相关关系，但另有研究发现它们在居家护理的老年人中没有显著关联（Taft & Nehrke, 1990），在普通老年人群中则负相关（Fishman, 1992）。

怀旧治疗的临床研究为理解生命回顾和自我整合感发展的关系提供了资料。怀旧治疗为老年人提供了一个与同龄人分享生活经验的渠道，有助于他们重建过往记忆，建立良好的自我效能感和应对策略，更好地接纳自我并保持心理健康（Gaggioli et al., 2014）。平夸特和福斯特迈尔（Pinquart & Forstmeier,

2012)开展了一项涵盖128个怀旧治疗实验研究的元分析,结果显示,在经过一系列怀旧治疗程序后,自我整合感的后测成绩出现了中等提升。具体而言,怀旧治疗对那些已经抑郁或有生理疾病的人更有效;在三类怀旧行为中(即简单怀旧,生命回顾和生命回顾治疗),生命回顾治疗能带来更多的改善。另外,在韩国(Jo, & Song, 2015)、多米尼加共和国(Meléndez Moral et al., 2015)、中国(Xiao et al., 2012)和葡萄牙(Afonso et al., 2011)等多个文化下开展的研究显示,怀旧治疗有助于增进老年人的自我整合感水平。

但并非回顾了生活就能成功地整合。第一,回顾过往可能会激起诸如痛苦和悔恨等感受,这对很多人来说并不容易应对(Hearn et al., 2012);第二,能否接纳过往是获得整合的重要预测因素(Rylands & Rickwood, 2001),相比于回顾,接纳过往需要更多的生理、物质和心理社会资源;第三,就如托恩斯坦(Tornstom, 2011)指出的那样,生命回顾关注过去,但实际上对新经验的开放态度与自我整合感直接相关(Westerhof et al., 2017),存在于时间流中的人很难在回忆时忽略当下和未来(Freeman, 2017);第四,由于生命回顾更多地着眼于用语言文字思考或交谈,忽略了做出改变的行动,可惜明确地指出行动在处理自我整合感与失望危机中作用的研究较少,我们在文献分析中识别出了另外两个处理该危机的渠道:重新处理先前发展阶段的危机和死亡准备。

(二)重新处理先前阶段的危机

以发展阶段为基础的危机可以在关键期后被重新处理(Malone, Liu, Vaillant, Rentz, & Waldinger, 2016),老年人重回先前的危机也是发展需要(Merriam, Courtenay, & Reeves, 1997)。Logan(1986)认为,埃里克森的八阶段理论是一个重复两次的循环,自我整合并非按时间顺序线性地发展(Sneed et al., 2006)。另有观点认为,自我发展持续终生(Rosen, 1968),年龄与阶段不直接对应（Malone et al.，2016）且不是发展的直接决定因素（e.g.，Dezutter et al.，2013；Westerhof et al.，2017）。这意味着，为促进自我整合感的获得，老年人可以重新处理先前阶段遗留的问题，比如繁殖感与停滞感危机（e.g.，Cheng，2009；Erikson，1963；Westerhof et al.，2017）——该假设已在多个研究中得到支持（e.g.，James，& Zarrett，2005；Hannah, Domino, Figueredo, & Hendrickson, 1996；Ryff & Heincke，1983；Toges et al.，2008）。例如，斯图尔特和万德奥特（Stewart & Vandewater，1999）发现，中年女性对后悔的识别能激发她们做出改变，继而促进她们未来的心理健康。

如果重新处理先前发展危机能促进自我整合，我们不禁要问：在埃里克森理论中，重新处理哪个阶段的危机最有助于自我整合？谢尔顿和卡塞尔（Sheldon & Kasser，2001）发现，比起自我认同，老年人更关注繁殖感与自我整合感。纵向研究显示，中年期有效地处理繁殖感与停滞感危机，有益于将来平衡自我整合感与失望危机（Cheng，2009；Toges et al.，2008）。横断研究显示，对繁殖感与停滞感危机的应对是预测自我整合感获得的最重要因素（Hannah et al.，1996；Ryff & Heincke，1983）。就连埃里克森自己也强调繁殖感在老年期的重要性，他说："失望在多数情况下实际上都是停滞感的延续"（Erikson，1998，p.63）。可以暂时认为，繁殖感的发展在获得自我整合感过程中发挥了（最）重要作用。未来的研究应该进一步考察繁殖感如何促进了自我整合。

（三）死亡准备

回顾过往和重新处理先前阶段发展任务都着眼于过去，但人的心理并不总以线性方式运作，对生活的感知会同时融汇过去、当下和未来，因此在怀旧时无法避免地会期待未来（Freeman，2017；Liu，2018）。老年人的未来，是无法避免的死亡。面临死亡容易引起死亡焦虑（Hui & Coleman，2013），这也是自我整合感发展不良的表现之一；相反，积极应对死亡并获得对死亡的接纳感，可能是一个提升自我整合的方法。

死亡准备是指个人为了平静地接受自己的死亡而采取的行动（Chan & Yau，2010），它包括思考和谈论死亡、决定死得好并参与到能保证好死的行动中（Liu & van Schalkwyk，2019）。对接近生命终点的老年人而言，"赖活着"会越发不可得，而"好死"犹可追。多项研究发现，在面对避免不了的死亡时，国内外的老人都期待"好死"并着手准备，他们购买人寿保险、立遗嘱、寻找合适的养老机构、购置墓地，或者给自己打棺材、做寿衣、参与策划葬礼等等（Chan & Yau，2010；Liu & van Schalkwyk，2019）。"虽然身体的死亡会摧毁我们，但思考死亡能拯救我们的生活"（Yalom，1980，p.40）。死亡准备是一个应对临终挑战、实现整合并获得意义感的有效手段（Yalom，1980）。未来需要更多研究探讨死亡准备与自我整合之间的关系。

四、叙事及亚文化视角下的自我整合感研究

自我整合感研究在过去几十年获得了相当长足的发展。但肯定成绩的同时，我们不得不关注自我整合感研究所面临的挑战。有研究者指出了埃里克森理论的一些缺陷，比如过度概化、欠考虑性别角色等（Malone et al.，2016），甚至认为自我整合感是一个描述老年人生活经验的无效概念（James & Zarrett，2005）。面对批评，作为借鉴埃里克森理论从事研究、教学和心理治疗多年的理论家，玛西亚（Marcia，2004）认为，相对于别的理论，埃里克森的阶段论更全面，复杂但足以理解，能够实证检验，并在表面上与现实情况吻合。

另外，自我整合感研究者还面临实证研究结果相互矛盾的尴尬。以年龄与自我整合感的关系为例，有研究者认为，自我整合感与失望危机并不局限于老

年期（James & Zarrett，2005；Merriam et al.，1997；Stewart & Vandewater，1999），它从中年期逐渐明显，并成为退休后的重要自我议题（Sneed et al.，2006）。实证研究揭示了更复杂的情况，尽管有研究发现年龄是影响自我整合感水平的重要因素（Jeong & Oh，2015），另有研究则得出了相反的结论：年龄不是一个影响自我整合感量表得分的重要因素（Dezutter et al.，2013；Hannah et al.，1996），也不直接与埃里克森的阶段理论相匹配。

矛盾的研究结果揭示了自我整合感的复杂性，也激发我们反思已有的自我整合感研究的思路与方法。佩克（Peck，1968）就提醒我们：在老年人研究中，应该使用发展阶段而非生理年龄作为筛选参与者的标准，因为生理年龄对老年人来说不是一个有效的发展指标。还有研究者指出，问卷调查无法探索复杂的自我整合感，使用访谈等质性方法则是更好的选择（Hearn et al.，2012；Toges et al.，2009）。

（　）叙事视角下的自我整合感研究

已有的自我整合感研究大多数采用问卷测量（Westerhof & Bohlmeijer，2014），但从量表中得到的数字或许过度简化了自我整合感这个复杂概念，而关注自传式回忆和生命故事，能为自我整合感研究带来新希望（Hearn et al.，2012；Toges et al.，2009）。例如 de Guzman 等人（2011）使用了包括图片提示、参与者形象素描、半结构式访谈和涂鸦在内的多种方法收集资料，发现工作、家庭、信任自我和信仰上帝是身体残疾的老年人实现自我整合的激发因素。这与中国一些癌症患者在怀旧干预中呈现出的自我整合类似：接纳自己特有的生命旅程，体验到情感的放松，获得一种生命意义感，将（精神和物质）遗产留于世，并为将来做准备（Xiao et al.，2012）。

实际上，叙事与自我的关系极为紧密（Bamberg，2011），有学者将二者等同（McAdams, 2001）。叙事就是讲故事（Craib, 2000），我们通过讲故事（或怀旧、生命回顾）建立自我认同（Freeman, 2017; McAdams, 2001），人的生活存在于故事中（Smith & Sparkes, 2006），社会现实主要是一种叙事的现实，故事建构了复杂变化的社会生活（Spector-Mersel, 2010）。叙事非时间线性地将多种角色和关系整合到一起（Syed & McLean, 2015）。叙事认同是一个人内化的故事，它将重建的过去、感知到的现在和设想的未来整合，为生命提供整体感、目的感和意义感（McAdams, 2001）。多位学者认为（e.g., Habermas & Bluck, 2000; McAdams, 1995; McAdams & McLean, 2016; Singer, 2004; Whitbourne, 1989），成年中后期的自我认同诞生于个人所讲述的故事当中，叙事把重构的过往、感知的当下和设想的未来融合，为生命提供一种整体感、目的感和价值感。该观点与本文提出的自我整合感定义——自我整合感是老年人在回顾生命时为获得意义感而平衡内外因素的一个过程——相一致。研究老年人的自我认同，就是去理解老年人建构意义的过程，揭示老年人如何理解并整合他们的经历、并建构意义感（McLean, 2005）。

叙事研究能促进有关认同和自我研究的理论建构（Bamberg, 2011）。叙事分析在老年研究中有广泛的应用，比如考察老年人的人际和亲密关系、身体活动、身体形象、男性气质、健康和疾病的经验，等等，甚至出现了一门被称为叙事老年学（narrative gerontology）的学科（Phoenix et al., 2010）。考虑到老年生活根植于复杂的社会条件与个人生活（Phoenix et al., 2010），我们认为，采用叙事视角考察老年人的自我整合感发展，可能会探明哪些因素在何种情况下对哪些老年人的自我整合起作用，以及如何起作用。例如，韦伯斯特和同事（Webster et al., 2010）提出的老年人怀旧及其影响因素模型指出，怀旧行为受到多种激发因素（无意识自发地回忆，或是有意地怀旧）、场景（在公共场所，还是私下叙说）、背景（包括制度、家庭、重要他人等组成的社会文化要素），以及调节因素（诸如年龄、性别、族群等）的影响，并能够发挥包括减轻痛苦、打发无聊、死亡准备、认同建构在内的功能。另外，由于叙事受限于叙述者使用的语言和所处的文化，老年人建构的叙事性整体感，是受访的老年人和访谈者双方在特定情境下共同建构的产物（Smith & Sparkes, 2006）。这提醒我们：在理解老年人的叙事时，叙事内容和叙事方式同等重要，关注某位受访的老人是否说了什么的同时，更有必要理解其为何以某种方式讲述。

（二）提炼有文化敏感性的理论

自我整合与个体所处的文化相关（Erikson, 1963; Hearn et al., 2012; Westerhof et al., 2017）。文化可能是导致已有自我整合感研究结论相互矛盾的重要因素之一，比如家庭护理老人（Taft & Nehrke, 1990）、非住院但生病的老人（Carlson, 1984）和普通老人（Boylin et al., 1976; Fishman, 1992）的怀旧行为与自我整合感发展呈现出互为矛盾的关系，除了研究者依据的理论和使用的调查问卷有差异（Fishman, 1992）之外，或许参与研究的老年人所处的生活环境（即亚文化）是关键但被忽视的因素。

考察整合感时需要具有文化敏感性（Chang et al., 2008），尤其应该考察所处的具体生活环境如何作用于自我整合感发展（Fishman, 1992）。例如，已有自我整合感研究中的参与者多为城市居民，假设我们有意考察农村或少数民族地区老年人的自我整合，考虑到他们与城市老年人的差异，如相对较低的受教育水平，可能无法直接使用已有的自我报告问卷或访谈提纲（Liu & van Schalkwyk, 2019）。相反，我们可以采用社会建构主义的世界观（Burr, 2015），关注特定情景下某个老年群体或个体的自我整合感发展，从研究参与者的实际生活经验出发，建构符合该群体的本土概念和小型理论。例如，在考察老年人的受虐待经验时，研究者们多关注包括身体攻击、心理虐待、忽视等虐待形式，但不同的主体（如学者、政府机构、社工和老年人）对什么才算是虐待的看法并不一致（Hudson & Carlson, 1999; Mysyuk, Westendorp, & Lindenberg, 2013）。在甄秋慧（Yan, 2015）的研究中，由于受到虐待并住在收容机构的香港老年人，对"老年虐待"有一些基本的认识，但否认自己被虐待。而在西方文化中被忽视的"不尊重老人"，则成为了受访香港老年人最为看重的受虐待经验（Tam & Neysmith, 2006），这似乎是中国敬老和孝道等文化下特有的一种老年虐待形式（Sung, 2001）。

　　小型自我整合感理论或许无法概化到更广泛群体，但对特定文化下个体行为具有更强的解释力。例如，目前比较流行的心理学老化理论，已经从一种消极视角转向了积极老化的观点（Lupien & Wan, 2004）。考虑到老化的观点会影响我们如何看待老年人，这种转变是一种进步，但积极老化本身似乎也存在年龄歧视的问题，造就了身体与心灵的分裂，忽视了老年人深刻的生活体验（Liang & Luo, 2012）。我们认为，变老是一个跟出生和死亡同样自然的过程，没有必要站在二元对立的视角，为老年人设定"积极老化"的标准。老年生活可以是变化的、甚至充满矛盾的，每一位老年人都可以自由地建构自己的生活，无论是否积极。在这种批判下，基于阴阳哲学，梁佳英和罗宝珍（Liang & Luo, 2012）提出了和谐老化理论（Harmonious Ageing Discourse），强调个体健康是身体与心灵的统合、对挑战与机遇的平衡、和谐的人际关系，以及对活动与入世的辩证态度。该理论强调了中华文化中个体老化的发展，但不足以解释某个特定老年群体的具体老化过程，比如农村老人会强调哪些人际关系，以及这些关系如何相互作用影响其自我整合。相反，将研究视角缩小，得出的研究结果则能弥补宏大理论的解释力不足。例如，在分析了 20 位中国农村老人的生命故事后，刘燕平（Liu, 2018）发现受访的老人在怀旧中建构了两种叙事认同：英雄与受害者，这两个角色将农村老人的自我、家庭关系、经历的国家历史整合一体，为其提供意义感。

五、总结

　　自我整合感的发展阶段，是埃里克森人生全程发展阶段理论中得到学界关注较少的一个部分。为进一步厘清自我整合感的界定，我们开展了一项质性综合分析，发现自我整合感是老年人在回顾生命时为获得意义感而平衡内外因素的一个过程。老年人可以通过三种方式应对自我整合与失望的危机：生命回顾、重新处理先前阶段的发展任务，以及死亡准备。未来的自我整合感研究，可以融合叙事研究的理论与方法以弥补自我整合感实证研究结果相矛盾的尴尬情况，而关注特定亚文化中老年人群体，有助于建构扎根于特定群体的自我整合感理论。

参考文献

Afonso, R. M., Bueno, B., Loureiro, M. J., & Pereira, H. (2011). Reminiscence, Psychological Well-being, and Ego Integrity in Portuguese Elderly People. *Educational Gerontology*, 37 (12), 1063 – 1080.

Bamberg, M. (2011). Who am I? Narration and Its Contribution to Self and Identity. *Theory & Psychology*, 21 (1), 3 – 24.

Boylin, W., Gordon, S. K., & Nehrke, M. F. (1976). Reminiscing and Ego Integrity in Institutionalized Elderly Males. *The Gerontologist*, 16 (2), 118 – 124.

Burr, V. (2015). *Social Constructionism* (3rd ed.). New York, NY: Routledge.

Carlson, C. M. (1984). Reminiscing: Toward Achieving Ego Integrity in Old Age. *Social Casework*. 65 (2), 81 – 89.

Chan, C. K., & Yau, M. K. (2010). Death Preparation among the Ethnic Chinese Well-Elderly in Singapore: An Exploratory Study. *OMEGA-Journal of Death and Dying*, 60 (3), 225 – 239.

Chang, S. O., Kim, J. H., Kong, E. S., Kim, C. G., Ahn, S. Y., & Cho, N. O. (2008). Exploring ego-integrity in old adults: A Q-methodology study. *International Journal of Nursing Studies*, 45 (2), 246 – 256.

Cheng, S. T. (2009). Generativity in Later Life: Perceived Respect from Younger Generations as a Determinant of Goal Disengagement and Psychological Well-being. *The Journals of Gerontology Series B: Psychological Sciences and Social Sciences*, 64, 45 – 54.

Craib, I. (2000). Narratives as Bad Faith. In Andrews, M., Day Sclater, S., Squire, C. and Treacher, A., (Eds.), *Lines of Narrative: Psychosocial Perspectives*, (pp. 64 – 74), Routledge.

Dezutter, J., Wiesmann, U., Apers, S., & Luyckx, K. (2013). Sense of Coherence, Depressive Feelings and Life Satisfaction in Older Persons: A Closer Look at the Role of Integrity and Despair. *Aging & Mental Health*, 17 (7), 839 – 843.

Dezutter, J., Toussaint, L., & Leijssen, M. (2014). Forgiveness, Ego-integrity, and Depressive Symptoms in Community-dwelling and Residential Elderly Adults. *Journals of Gerontology Series B: Psychological Sciences and Social Sciences*, 71 (5), 786 – 797.

De Guzman, A. B., Shim, H. E., Sia, C. K. M., Siazon, W. H. S., Sibal, M. J. A. P., Siglos, J. B. L. C., & Simeon, F. M. C. (2011). Ego Integrity of Older People with Physical Disability and Therapeutic Recreation. *Educational Gerontology*, 37 (4), 265 – 291.

Erikson, E. H. (1963). *Childhood and Society*. New York: Norton.

Erikson, E. H. (1980). *Identity and the Life Cycle*. New York: Norton.

Erikson, E. H. , Erikson, J. M. , & Kivnick, H. Q. (1986). *Vital Involvements in Old Age.* New York: Norton.

Erikson , E. H. (1998). *The Life Cycle Completed: Extended Version with New Chapters on the Ninth Stage of Development by Joan M. Erikson.* New York: Norton.

Fang, E. F. , Scheibye-Knudsen, M. , Jahn, H. J. , Li, J. , Ling, L. , Guo, H. , ... & Chan, W. Y. (2015). A Research Agenda for Aging in China in the 21st Century. *Ageing Research Reviews*, 24, 197–205.

Fishman, S. (1992). Relationships among an Older Adult's Life Review, Ego Integrity, and Death Anxiety. *International Psychogeriatrics*, 4 (04), 267–277.

Freeman, M. (2017). Worlds within and without: Thinking Otherwise About the Dialogical Self. *Journal of Theoretical and Philosophical Psychology*, 37 (4), 201–213.

Gaggioli, A. , Scaratti, C. , Morganti, L. , Stramba-Badiale, M. , Agostoni, M. , Spatola, C. A. , ... & Riva, G. (2014). Effectiveness of Group Reminiscence for Improving Wellbeing of Institutionalized Elderly Adults: Study protocol for a randomized controlled trial. *Trials*, 15 (1), 408.

Habermas, T. , & Bluck, S. (2000). Getting a life: The Emergence of the Life Story in Adolescence. *Psychological Bulletin*, 126 (5), 748–769.

Hannah, M. T. , Domino, G. , Figueredo, A. J. , & Hendrickson, R. (1996). The Prediction of Ego Integrity in Older Persons. *Educational and Psychological Measurement*, 56 (6), 930–950.

Hearn, S. , Saulnier, G. , Strayer, J. , Glenham, M. , Koopman, R. , & Marcia, J. E. (2012). Between Integrity and Despair: Toward Construct Validation of Erikson's Eighth Stage. *Journal of Adult Development*, 19 (1), 1–20.

Hudson, M. F. , & Carlson, J. R. (1999). Elder Abuse: Expert and Public Perspectives on Its Meaning. *Journal of Elder Abuse & Neglect*, 9 (4), 77–97.

Hui, V. K. Y. , & Coleman, P. G. (2013). Afterlife beliefs and Ego Integrity as Two Mediators of the Relationship between Intrinsic Religiosity and Personal Death Anxiety among Older Adult British Christians. *Research on Aging*, 35 (2), 144–162.

James, J. B. , & Zarrett, N. (2005). Ego Integrity in the Lives of Older Women: A follow-up of Mothers from the Sears, Maccoby, and Levin (1951) Patterns of Child Rearing Study. *Journal of Adult Development*, 12 (4), 155–167.

Jeong, H. , & Oh, H. (2015). Evaluating the Comprehensive Model of Ego-integrity for Senior Patients in Convalescent Hospitals: Influence Factors and Outcome Variables. *International Journal of Bio-Science and Bio-Technology*, 7 (5), 317–326.

King, D. A., & Wynne, L. C. (2004). The Emergence of "Family Integrity" in Later Life. *Family Process*, 43 (1), 7-21.

Liang, J., & Luo, B. (2012). Toward a Discourse Shift in Social Gerontology: From Successful aging to Harmonious Aging. *Journal of Aging Studies*, 26 (3), 327-334.

Liu, Y. (2018). *Chinese Rural Elders' Identity Construction through Reminiscing* (Unpublished doctoral dissertation). Taipa, Macao (SAR): University of Macau.

Liu, Y., & van Schalkwyk, G. J. (2019). Death Preparation of Chinese Rural Elders. *Death Studies*. 43 (4), 270-279.

Logan, R. D. (1986). A Re-conceptualization of Erikson's theory: The Repetition of Existential and Instrumental Themes. *Human Development*, 29 (3), 125-136.

Lupien, S. J., & Wan, N. (2004). Successful Ageing: From Cell to Self. *Philosophical Transactions-Royal Society of London Series B Biological Sciences*, 1413-1426.

Lupien, S. J., & Wan, N. (2004). Successful Ageing: from Cell to Self. *Philosophical Transactions of the Royal Society of London. Series B: Biological Sciences*, 359 (1449), 1413-1426.

McLean, K. C. (2005). Late Adolescent Identity Development: Narrative Meaning Making and Memory Telling. *Developmental Psychology*, 41 (4), 683-691.

Malone, J. C., Liu, S. R., Vaillant, G. E., Rentz, D. M., & Waldinger, R. J. (2016). Midlife Eriksonian Psychosocial Development: Setting the Stage for Late-life Cognitive and Emotional Health. *Developmental Psychology*, 52 (3), 496-508.

Marcia, J. E. (2004). Why Erikson? In K. Hoover (Ed.), *The Future of Identity: Centennial Reflections on the Legacy of Erik Erikson*, (pp. 43-61). Lanham, MD: Lexington Books.

Martin, P., Kelly, N., Kahana, B., Kahana, E., Willcox, B. J., Willcox, D. C., & Poon, L. W. (2015). Defining Successful Aging: A Tangible or Elusive Concept?. *The Gerontologist*, 55 (1), 14-25.

McAdams, D. P. (1995). What do We Know When We Know a Person?. *Journal of Personality*, 63 (3), 365-396.

McAdams, D. P. (2001). The Psychology of Life Stories. *Review of General Psychology*, 5 (2), 100-122.

Meléndez Moral, J. C., Fortuna Terrero, F. B., Sales Galán, A., & Mayordomo Rodríguez, T. (2015). Effect of Integrative Reminiscence Therapy on Depression, Well-being, Integrity, Self-esteem, and Life Satisfaction in Older Adults. *The Journal of Positive Psychology*, 10 (3), 240-247.

Merriam, S. B., Courtenay, B. C., & Reeves, P. M. (1997). Ego Development in the Face of death: How being HIV Positive Affects Movement through Erikson's Adult Stages of Development. *Journal of Adult Development*, 4 (4), 221 – 235.

Mysyuk, Y. , Westendorp, R. G. , & Lindenberg, J. (2013). Added Value of Elder Abuse Definitions: A review. *Ageing Research Reviews*, 12 (1), 50 – 57.

Peck, R. C. (1968). Psychological Developments in the Second half of Life. In B. L. Neugarten (Ed.), *Middle Age and Aging: A Reader in Social Psychology*, (pp. 88 – 98). Chicago: University of Chicago Press.

Paterson, B. L. , Dubouloz, C. J. , Chevrier, J. , Ashe, B. , King, J. , & Moldoveanu, M. (2009). Conducting Qualitative Metasynthesis Research: Insights from a Metasynthesis Project. *International Journal of Qualitative Methods*, 8 (3), 22 – 33.

Phoenix, C. , Smith, B. , & Sparkes, A. C. (2010). Narrative Analysis in Aging Studies: A Typology for Consideration. *Journal of Aging Studies*, 24 (1), 1 – 11.

Pinquart, M. , & Forstmeier, S. (2012). Effects of Reminiscence Interventions on Psychosocial Outcomes: A Meta-analysis. *Aging & Mental Health*, 16 (5), 541 – 558.

Phillips, W. J. , & Ferguson, S. J. (2013). Self-compassion: A Resource for Positive Aging. *The Journals of Gerontology Series B: Psychological Sciences and Social Sciences*, 68 (4), 529 – 539.

Rosen, I. M. (1968). Ego psychology of the Adult Years. *Journal of Religion and Health*, 7 (3), 269 – 273.

Rylands, K. J. , & Rickwood, D. J. (2001). Ego-integrity Versus Ego-despair: The Effect of "Accepting the Past" on Depression in Older Women. *The International Journal of Aging and Human Development*, 53 (1), 75 – 89.

Ryff, C. D. & Heincke, S. G. (1983). Subjective Organization of Personality in Adulthood and Aging. *Journal of Personality and Social Psychology*, 44, 807 – 816.

Sheldon, K. M. , & Kasser, T. (2001). Getting Older, Getting better? Personal Strivings and Psychological Maturity across the Life Span. *Developmental Psychology*, 37 (4), 491 – 501.

Singer, J. A. (2004). Narrative Identity and Meaning-making across the Adult Lifespan: An Introduction. *Journal of Personality*, 72, 437 – 459.

Sneed, J. R. , Whitbourne, S. K. , & Culang, M. E. (2006). Trust, Identity, and Ego Integrity: Modeling Erikson's Core Stages over 34 Years. *Journal of Adult Development*, 13 (3 – 4), 148 – 157.

Spector-Mersel, G. (2010). Narrative Research: Time for a Paradigm. *Narrative Inquiry*, 20 (1), 204 – 224.

Stewart, A. J. , & Vandewater, E. A. (1999). "If I had it to do over again..." : Midlife

Review, Midcourse Corrections, and Women's Well-being in Midlife. *Journal of Personality and Social Psychology*, 76 (2), 270 – 283.

Sung, K. T. (2001). Elder Respect: Exploration of Ideals and Forms in East Asia. *Journal of Aging Studies*, 15 (1), 13 – 26.

Syed, M., & McLean, K. C. (2015). The Future of Identity Development Research: Reflections, Tensions and Challenges. In K. C. McLean & M. Syed (Eds.), *The Oxford Handbook of Identity Development* (pp. 562 – 573). New York: Oxford University Press.

Syed, M., & McLean, K. C. (2016). Understanding Identity Integration: Theoretical, Methodological, and Applied Issues. *Journal of Adolescence*, 47, 109 – 118.

Taft, L. B., & Nehrke, M. F. (1990). Reminiscence, Life Review, and Ego Integrity in Nursing Home Residents. *The International Journal of Aging & Human Development*. 30 (3), 189 – 196.

Tam, S., & Neysmith, S. (2006). Disrespect and Isolation: Elder Abuse in Chinese Communities. *Canadian Journal on Aging*, 25 (2), 141 – 151.

Torges, C. M., Stewart, A. J., & Duncan, L. E. (2008). Achieving Ego Integrity: Personality Development in Late Midlife. *Journal of Research in Personality*, 42 (4), 1004 – 1019.

Torges, C. M., Stewart, A. J., & Duncan, L. E. (2009). Appreciating Life's Complexities: Assessing Narrative Ego Integrity in Late Midlife. *Journal of Research in Personality*, 43 (1), 66 – 74.

Tornstam, L. (2011). Maturing into Gerotranscendence. *Journal of Transpersonal Psychology*, 43 (2), 166 – 180.

Van Hiel, A., & Vansteenkiste, M. (2009). Ambitions Fulfilled? The Effects of Intrinsic and Extrinsic Goal Attainment on Older Adults' Ego-integrity and Death Attitudes. *The International Journal of Aging and Human Development*, 68 (1), 27 – 51.

Vuksanovic, D., Dyck, M., & Green, H. (2015). Development of a Brief Measure of Generativity and Ego-integrity for Use in Palliative Care Settings. *Palliative & Supportive Care*, 13, 1411 – 1415.

Walaskay, M., Whitbourne, S., & Nehrke, M. (1983 – 1984). Construction and Validation of an Ego Integrity Status Interview. *International Journal of Aging and Human Development*, 18, 61 – 72.

Webster, J. D., Bohlmeijer, E. T., & Westerhof, G. J. (2010). Mapping the Future of Reminiscence: A Conceptual Guide for Research and Practice. *Research on Aging*, 32 (4), 527 – 564.

Westerhof, G. J., & Bohlmeijer, E. T. (2014). Celebrating Fifty Years of Research and Applications in Reminiscence and Life Review: State of the Art and New Directions. *Journal of Aging Studies*, 29, 107 – 114.

Westerhof, G. J., Bohlmeijer, E. T., & McAdams, D. P. (2017). The Relation of Ego Integrity and Despair to Personality Traits and Mental Health. *The Journals of Gerontology Series B: Psychological Sciences and Social Sciences*, 72 (3), 400 – 407.

Whitbourne, S. K. (1989). Comments on Lachman's "Personality and Aging at the Crossroads". In K. W. Schaie, & C. Schooler (Eds,). *Social Structure and Aging: Psychological Processes*, (pp. 191 – 198). New Jersey: Lawrence Erlbaum Associates.

Wiesmann, U., & Hannich, H. J. (2011). A Salutogenic Analysis of Developmental Tasks and Ego Integrity vs. Despair. *The International Journal of Aging and Human Development*, 73 (4), 351 – 369.

Woods, N., & Witte, K. L. (1981). Life Satisfaction, Fear of Death, and Ego Identity in Elderly Adults. *Bulletin of the Psychonomic Society*, 18 (4), 165 – 168.

Xiao, H., Kwong, E., Pang, S., & Mok, E. (2012). Perceptions of a Life Review Programme among Chinese Patients with Advanced Cancer. *Journal of Clinical Nursing*, 21 (3 – 4), 564 – 572.

Yalom, I. D. (1980). *Existential Psychotherapy*. New York, NY: Basic Books.

Yan, E. (2015). Elder Abuse and Help-seeking Behavior in Elderly Chinese. *Journal of Interpersonal Violence*, 30 (15), 2683 – 2708.

Ego Integrity: A Bridge for the Elderly to Connect Their Past with Their Future

Liu Yan-ping[1]   Zheng Jian-hong[2]   Gertina J. van Schalkwyk[3]

([1] Department of Psychology, Honghe University, Mengzi, Yunnan, 661199)

([2] Department of Psychology & Guangdong Provincial Key Laboratory of Development and Education for Special Needs Children, LingNan Normal University, Zhanjiang, 524048)

([3] Department of Psychology, University of Macau, Taipa, macau, 999078)

／Abstract／

Ego integrity is a process that older adults balance their inner and outer concerns to acquire a sense of meaning when looking back over their lives. The development of ego integrity is related to various psychological attributes for the elders, such as death anxiety, reminiscing, wisdom and psychological well-being. Our qualitative meta-synthesis implies that the elderly could deal with the ego-integrity vs. despair crisis through life reviewing, re-coping with the previous stage-crises and, death preparation. Future studies on ego integrity could adopt resources from narrative research to make better the situation that results from existing ego integrity studies were contradictory, and focus on sub-cultures so to construct theories that were grounded within each specific culture.

/ Keywords /

ego integrity, qualitative meta-synthesis, channels

人格积极力量的展现：研究生 S 学习和实践团体心理咨询的生命故事

那冬雪[1,2]　尹可丽[1]*

（[1]云南师范大学教育学部，昆明，650500）

（[2]广东理工学院，肇庆，526000）

/ 摘　要 /

本文采用生命故事访谈法，以一名心理学专业的研究生 S 为研究对象，分析 S 学习和实践团体心理咨询的经历和生命体验，探索她的人格特点与其学习和实践团体心理咨询的关系。结果表明：S 认真、灵活、创新、富有领导力和注重细节的人格特点影响到她学习和实践团体心理咨询的效果；她随和、自信、乐观积极、敏锐细心，以及较强的控场能力和随机应变的能力等有助于其实践团体心理咨询时获得成功。S 的学习经历提示：个体人格中一些优秀的品质是学生学习和实践团体心理咨询获得成功的助推器。

---

* 通讯作者：尹可丽，教授，博士，E-mail：yayasles@163.com

/ 关键词 /

团体心理咨询，学习，实践，人格，生命故事

团体心理咨询（Group psychological counseling）是相对于个体心理辅导或咨询而言的心理咨询形式（陈婧，陆春红，2009）。团体咨询通常是一位或者两位领导者领导多个团体成员，团体领导者将有同质性的团体成员形成小组，通过团体心理咨询技术解决成员的问题（樊富珉，2005）。当前国内有关团体心理咨询的研究主要关注团体心理咨询的对象、针对问题、方案设计、督导情况、伦理守则、效果评估等方面。研究者发现，团体成员主要为大学生群体（吴波，2012），包括家庭经济困难学生群体（向群英，2007）、交往障碍群体（邢秀茶，曾雪梅，2003）、学习困难群体（汪明春，2007），以及其他特殊群体如教师、士兵、聋生（陈婧，陆春红，2009）。针对的问题以心理健康教育最多，其次是人际交往问题（陈婧，陆春红，2009）。贾烜和樊富珉（2011）指出国内缺乏研究团体心理咨询理论基础和探索适合中国人特点以及中国文化的团体心理咨询。李子洋和刘伟（2017）也希望实践者和研究者注重探索本土化团体咨询模式。邵瑾和樊富珉（2015）指出45.9%的文献没有说明团体领导者培训、带领团体的经验以及督导。冯愉涵、张逸梅和樊富珉（2017）提出了我国团体心理咨询伦理守则的拟定需要根据我们的时代特点和文化背景进行等。

当前国内有361所高校开设心理学专业，其中119所高校有心理学硕士点。心理学专业学生是从事团体心理咨询工作的后备力量，心理学专业学生学习和实践团体心理咨询的专业化程度影响着团体心理咨询的发展和进步，但是目前对心理学专业学生学习及实践团体心理咨询的情况不清楚，很少有研究展示心理学专业的学生是如何学习与实践团体心理咨询的。

本研究以某高校心理学专业硕士生S为研究对象，通过生命故事访谈法分

析 S 学习和实践团体心理咨询的经历和人生经历，考察个体在学习与实践团体心理咨询的成功经验。

一、研究方法

（一）生命故事访谈法

郑剑虹（2016）认为生命故事访谈法（life story interview method）是收集个体完整的生命故事资料并进行分析的一种质性研究方法。并且运用该方法研究了盲生的自我认同（郑剑虹，潘枫，梁惠飘，2016）。实施生命故事访谈法需要遵循的原则是只听不说，以倾听促多说，直到来访者不说为止。该访谈法包括主述阶段和补问阶段两个阶段（郑剑虹，2016）。

主述阶段，研究者只对 S 提一个问题：请谈谈你从小到现在的人生经历，越详细越好？此后，研究者再不提问和打扰，只是以温暖、真诚的目光和表情鼓励 S 完整说出自己的生命故事，此技术克服传统访谈的一问一答的习惯，接受来访者的任何内容，哪怕是小而琐碎的事情，同时以真诚、共情和积极关注的目光和表情使来访者敞开心扉。补问阶段，除了提问 S 略过或没有讲清楚的生命经历外，重点提问（1）成长性关键问题包括亲子关系（例如，你与母亲或父亲的关系怎样？或你与家人的关系怎样？）、身体自我（你是如何看待自己的外表和身体状况的）和角色楷模（在你的生命中有哪些人对你的影响很大）；（2）核心情节问题，包括高峰点（例如，请你详细谈谈你生命中最快乐、幸福的事情？）、低谷点（例如，请你详细谈谈你生命中最痛苦、悲伤的事情？）、转折点（例如，你认为哪件事情使你的人生发生了重大改变？你能否详细谈谈？）、最早的记忆、最深刻的记忆；（3）未来的计划、想法和打算；（4）如何看待自己的人生经历。

(二) 生命故事分析

美国西北大学的麦克亚当斯（McAdams）教授从上个世纪80年代中期以来，通过访谈大量的美国人主要是美国白人的生命故事，提出了一套研究生命故事的概念、方法和理论模型。麦克亚当斯（2001，2005）认为可以按照以下几个方面来解释、分析、理解生命故事：（1）叙说的基调，基调涉及的是故事中情绪的总体性质；（2）主题，行为主题和集体主题；（3）思想背景；（4）核心情节；（5）意象；（6）叙说的复杂度。在借鉴西方相关理论和研究基础上，郑剑虹（2016）结合中国文化特点，提出了中国人生命故事分析方法，即分别从生命篇章、关键事件、重要他人、人生评价、未来脚本五个方面进行生命故事的主题分析、基调分析和认同分析。主题主要有修身主题、人伦主题和事功主题；基调主要对生命故事中涉及情感、情绪的词进行内容分析，统计频率；认同分析从自我接纳、自我连接、自我意义、自他关系和谐进行分析。

二、访谈对象

访谈对象是一名应用心理专业的2年级硕士研究生S。小学时由于家庭原因，S多番转学，但是她保持良好的学习成绩，初中时由于各方面优秀，被保送拔尖的高中。2009年大学毕业后在保险公司做内勤工作，这份工作对她有很大的磨砺。3年后跳槽在社会机构从事培训类工作，经常到各地进行讲课和培训。期间接触到团体心理咨询，慢慢地她与机构合作做青少年心理健康方面的培训。之后有系统地自学樊富珉的网络课程，参加学习团体心理咨询的台湾课程，多次参与工作坊，钻研学习个体咨询技术。多次在学校和单位策划与组织团体心理咨询。为了获得一个专业文凭，S 于 2016 年考取了应用心理专业硕士研究生。在校学习期间，S 所开展的团体心理咨询效果得到指导老师和同学的认可。

根据生命故事访谈法的程序和要求，对 S 进行了历时 1 小时 50 分钟的访谈，征得 S 的同意后，进行全程录音，研究者每问完一个问题后，不再提出任何问题和打扰，并用专注、温暖的目光鼓励 S 进行诉说，同时注意 S 的表情、语气和肢体语言。访谈结束后，将录音逐字转为文字材料。

通过对 S 访谈稿的逐字阅读，对 S 的团体心理咨询经历进行分章，用简短的标题进行概括，并从认同、基调和主题三个方面关注和分析了 S 在进行团体心理咨询的整个过程。

三、结果与分析

（一）团体心理咨询学习和实践经历

S 的团体心理咨询经历分析结果见表 1，主题是事功主题。她所进行的团体心理咨询很成功，得到的评价高。整个团体心理咨询经历的基调以积极、向上为主，但有一个从疑惑—恍然大悟—有所收获—得到认可的渐进过程，伴随着她对团体心理咨询认同的变化而变化。例如，S 在自己第一次接触团体心理咨询时、看他人带团体心理咨询时、在几个单位和学校做团体心理咨询时，表示不认同，此时基调为疑惑和否定，是消极的。在学习樊富珉课程和台湾老师课程时，S 十分认真并做了很多笔记。承担老师布置的任务时，对团体心理咨询表示认同，此时基调为收获和被认可，是积极的。例如，S 说："带完以后所有人评价也很高，很高，高到超乎我的意料，大家认可度很高，尤其是企业里面的那些人，就觉得很好，收获很大。"同时，在"赵老师的任务"中，S

设计方案时查理论,想把理论与实际联系起来进行实操,或者查现成的方案,然后在团体心理咨询过程中较为灵活地变化活动、巧妙衔接和引导,进行改良创新。S 特别强调能够做到这些,需要团体活动的积累和咨询经验的积累。

表1 学习和实践团体心理咨询的经历分析

团体心理咨询经历	基调	示例	认同	示例	主题	示例
第一次接触团体心理咨询	疑惑	"那个时候我就觉得,什么是团体心理咨询呢?我们带的这个就是吗?没有太大的感知认识,然后就这么带吧。"	不认同	"那个时候对团体心理咨询的认知是不够完整的,只是形式在摆着。"	事功主题	
樊富珉的课程	恍然大悟	"原来团体心理咨询还分这么多类型,然后就懂了。"	认同	"所以真正意义接触团体心理咨询,当时做了很多笔记。"	事功主题	
看别人带团体心理咨询的感触	否定	"因为我想自己信心还不足,然后请另外一个号称团体心理咨询很厉害的一个男生来带。"	不认同	"看他带的不行嘛……但是我发现这个男生很活泼,随机应变。"	事功主题	
台湾老师的课程	突破收获	"其实很多活动都可以把它转换成团体心理咨询。就是看你怎么理解,怎么穿插在主题中,怎么把他们贯穿好……但是你总结跟引入就很关键。"	认同	"其实我在后面带团体心理咨询的过程中也会用到他们的活动。也会像他们那样子去诠释,我觉得挺好的。"	事功主题	

(续表)

团体心理咨询经历	基调	示例	认同	示例	主题	示例
几个单位和学校的团体心理咨询	疑惑得到认可	"我到底是不是会带团体心理咨询呢？其实我自己心里面也没有太大的把握，我就感觉我是按照我自己的方式去做。"	不认同	"我自己还是老是有一种不太认可的感觉……我比较偏重于咨询的，我团体心理咨询做得不算多。"	事功主题	老师和助手，他们觉得我做得很好。
赵老师的任务	进步灵活创新领导力	"我设计方案时查理论，哪些理论能实操，查成型的方案，很少完全沿用人家成型的，就比较灵活些……我这个人比较好奇，甚至有些活动是自己创意出来的……眼观四面、耳听八方。"	认同	"所有活动之间要有主次分明，而且必须有过渡……你肯定要有很自然的过渡，衔接。"	事功主题	给他们做完以后就发现口碑非常好，反馈非常好。

（二）团体心理咨询学习和实践的关键事件分析

通过反复阅读逐字稿，找出 3 个关键事件，对关键事件进行认同、基调和主题分析。从表 2 可知，S 对关键事件是认同的，基调为收获，是积极的。在 S 看来，学习了樊富珉的课程和台湾老师的课程，完成频繁的、高难度的、富有挑战性的实践对其帮助颇大。获得的收获主要是两个方面：充分了解了团体心理咨询的意义；提升了关注每一个人的反应、活动细节的能力。事件的主题是事功主题。

表2　学习与实践团体心理咨询的关键事件分析

关键事件	基调	示例	认同	示例	主题
(1) 樊富珉的课程	恍然大悟	原来团体心理咨询还分这么多类型,然后就懂了。	认同	所以真正意义接触团体心理咨询,当时做了很多笔记。原来弄这个东西的目的是这样。	事功主题
(2) 台湾老师的课程	突破收获很厉害	其实很多活动都可以把它转换成团体心理咨询。就是看你怎么理解,怎么穿插在主题中,怎么把他们贯穿好,你总结跟引入就很关键。	认同	其实我在后面带团体心理咨询的过程中也会用到他们的活动。也会像他们那样子去诠释,我觉得挺好的。	事功主题
(3) 许多富有挑战性的团体心理咨询	收获	那这个时候你不能干站着,怎么关注每个人,怎么跟他们聊需求……很多很多细节。	认同	频繁地带这种高难度,有挑战的,形形色色的团体心理咨询的时候,确实是每一次带都有很多收获。	事功主题

(三) 生命篇章分析

当S叙说自己的生命故事后,研究者在反复阅读研究对象的生命故事逐字稿之后,将其生命故事进行分章,并给予一个概括性的适当标题,分别为"孤独的小学阶段"、"拼搏的中学阶段"、"混沌的大学阶段"、"磨砺的工作阶段"和"意料之外的研究生阶段"。

表3　生命篇章分析

人生篇章	基调	示例	认同	示例	主题	示例
孤独的小学阶段	聪明、活泼、内向、孤独、尴尬、适应、敏感、痛苦、受欢迎	我妈还有我妈的朋友或者邻居都说我从小就比较精，说我很聪明，很活泼。我性格很内向，不太爱讲话。如果说我小学真的要说一个词就是孤独，然后就是适应。因为我是属于比较敏感，我可能是根据一个人的脸色、一个说话的方式或者是很多细节，而且我可能观察的比别人还要多，会想很多。	不认同与认同	开始肯定会有那种陌生的感觉，但是慢慢地还是可以成为很受别人欢迎的小伙伴。就感觉那段时间过得还可以。	人伦主题	我跟他们的关系就像是小姐妹，当他们知道我要转学的时候，他们突然间就不理我了，一个人都不理我了。
拼搏的中学阶段	勤奋、自信、开朗、快乐	初中没有什么特别的，就是好好学习，不是那种死读书。三年课代表，还是团委的宣传部长，在一起策划晚会，英语剧本排成舞台剧去参赛，在班级里面还是算比较风云的人物。	认同	我是保送，因为成绩很好就进了拔尖的学校。	人伦主题	我们可以聊天，从早上聊到晚上，可以聊通宵，有很多很多话题要讲。

(续表)

人生篇章	基调	示例	认同	示例	主题	示例
混沌的大学阶段	排斥感、倒霉	因为我过于完美主义,那个学校我不是很喜欢,所以我一直有点排斥感。	不认同	我感觉纯粹就是在玩,只要不挂科正常毕业就好了。	人伦主题	我大二的时候就跟我现在的老公谈恋爱,因为他在北京,所以我就来回跑,就没有怎么读书。
磨炼的工作阶段	困扰、磨炼、焦虑	我觉得让我最困扰的是我就是经常跑银行,死皮赖脸地跟人家混得熟,我觉得这对我的磨炼挺大的。我知道明天早晨我的任务是要和中行的某个人打电话我可能今天晚上连觉都睡不着。	认同	其实我还是蛮感谢,因为有那段经历的话,我可能就会觉得好很多,可以去做很多事情。	事功主题:(个人发展)	做了大半年。然后也成型了很多课件,所以我觉得那段时间对我的整个对这块是有很大提升的,也是蛮感谢他们的。
意料之外的研究生阶段	迷茫、反思、感谢	到底学术方面怎么去进展,我的实践怎么弄。所以我现在看到的是他们为什么能够做到这一点,其实我还是学到很多,他很灵活,他可以总结很多东西。	认同	很多企业培训,他都会让我去带,然后增加一些社会层面的互动,别人也会认识你,会留微信,我觉得挺好的,很开心。	事功主题:(个人发展)	学校要招心理老师,心理中心老师不够,每个学院会推荐一些辅导员过来参加这个课程,他这边唯一推荐的学生就是我。

由表3可知，小学阶段，基调为聪明、活泼、孤独、尴尬、适应、敏感、痛苦、受欢迎，并且存在一个由不认同到认同的过程。S在这个阶段会被夸赞聪明活泼。由于家庭原因，S多番转学，在这个过程中她特别强调孤独、痛苦和敏感，在说到伤心之处时，眼睛有些红润，但是她依然能够适应新的环境，保持良好的学习成绩。当谈到拼搏的中学阶段时，S非常轻松，出现的基调为勤奋、自信、开朗、快乐、富有想象力和创造力，对此阶段的经历是认同的。大学阶段，基调为排斥感、倒霉，对此阶段是不认同的。工作阶段，基调为困扰、磨炼、焦虑。S大学毕业后在保险公司内勤工作，经常跑银行，打电话和对方沟通很多事情，这份工作对她有很大的磨砺，对此阶段是认同的。她说："其实我还是蛮感谢，因为有那段经历，我可能就会觉得好很多，去做很多事情。"研究生阶段，基调为迷茫、反思、感谢，但在反思后S收获的是感谢，S对此阶段是认同的。

总体而言，S对自己的人生经历是认同和肯定的，人生基调也是积极的、乐观的。故事基调也是由消极到积极的过程。故事主题在大学以前是人伦主题，工作以后和研究生阶段是事功主题。

（四）生命故事的关键事件分析

从认同、基调和主题三个方面对S的生命故事关键事件进行分析，并关注S在遇到事情时的态度和解决方法，总结出S整个生命故事中的10个关键事件分别是："妈妈教我学着跟别人打招呼""学习委员的话""好朋友突然不理我""初三毕业收到的留言""高中被分到慢班""电话社交障碍""督导体验""辞职""心理咨询的成功（高峰体验）"和"心理咨询的失败（低谷体验）"。在这10个关键事件中，其主题大都表现为人伦主题与事功主题交织混杂在一起，说明在中国人生命的发展过程中，人际与事业是无法截然分开的。

S 遇到一些需要做的事情时，虽然不大情愿或会焦虑、紧张，比如，妈妈教育她要跟人打招呼，虽然不情愿，还是会逼一逼自己鼓起勇气跟人打招呼。再比如，出现电话恐惧，但是还是会逼一逼自己勇敢地克服困难。S 与人交往时会有矛盾和不高兴，但是 S 为人较随和，不与人发生正面冲突，她说："有一次学习委员在发作业的时候，跟我说你的名字不要这么写，当时我就在想这样关你什么事，但是我没有说出来，而是说好的，但是心里面挺不高兴的。""初三写留言的时候有好几个同学都跟我说，你可以有自己的性格一点，而不是随和。"S 面对生活中的不如意有着一份坦然，例如"高中被分到慢班，我觉得普通班也挺好的，就考一个本科就可以了。"遇到不懂的东西非常勤奋、努力，例如参加督导体验。S 提到自己辞掉高薪工作，毅然决然地从事自己喜欢的职业，目标坚定，敢于挑战。S 的高峰体验和低谷体验强调的是心理咨询的成功与失败，S 对自己目前从事的事业是认同的。

（五）重要他人分析

个体生命的发展与人生中重要他人密切相关，这种重要他人既包括现实中的人物，也包括历史或文学中的人物。阅读 S 的逐字稿发现，督导老师对 S 的生命发展产生了影响，比如，S 认为督导老师给了她一些反馈信息，加强了她对自己的自我认知。在她犹豫要不要考研的时候，督导老师跟她讲过一段话，增强了她考研的决心。所反映的是人伦主题，基调上是感谢，这是一种积极的情感基调。

（六）自我、人生评价与未来脚本分析

人生评价包括对自己身体、能力、性格以及整个人生经历的评价，S 在身

体、性格、能力以及整个人生经历的评价上反映的基调都是满意的，自信的，她说："我觉得应该历来还是一个美女，对自己的外貌长相还是很自信的。""我感觉我这个人不是自我表扬，我觉得我基本上没有控不下来的场。""我觉得不能算是自我实现，因为那个太高了好像做不到，但是也不能算是碌碌无为一事无成。"同时无论是对自己的身体、性格、能力及整个人生经历都是认同和肯定的。S的人生评价是正面、积极的，这种积极的人生评价主要反映在事功主题上。

未来脚本反映了个体生命故事对自身未来发展的计划和打算。S的未来计划是清晰的，对于未来的工作、生活，她的基调是坦然的，主题是人伦，对自己的未来计划是认同的。她说"我觉得我现在能做什么我就去做好了，就是做到好就好了，问心无愧"。

（七）生命故事基调的内容分析

从量化分析的角度对S的生命故事基调做分析，以获得对S人生情感较为明确客观的认识，以及人生不同发展阶段情绪情感基调的变化，并从人格形容词统计角度看S是一个怎样的人。由表4可知，积极词出现频次为31次，消极词出现的频次为15次，说明S的人生基调总体上是积极、乐观的。但是不同的人生发展阶段，其生命基调有所不同：在小学阶段，出现的消极词汇数量比积极词汇多，S在这个阶段总是伴随着孤独。但S在诉说整个生命故事时所用的形容词都是积极的，可见S总体上对自我的评价是正面的，是接纳的。

表 4　故事基调内容分析

人生阶段		情绪、情感类词	人格形容词
童年	积极 4	羡慕（1）	聪明（1）、活泼（1）、内向（1）
	消极 7	难过（3）、孤独（2）、痛苦（1）、敏感（1）	
中学	积极 8	有趣（3）	文静（1）、随和（3）、开朗（1）
	消极 0		
大学	积极 1		追求完美（1）
	消极 5	排斥（1）、倒霉（2）、不喜欢（2）	
工作阶段	积极 9	开心（1）、感谢（2）、自信（1）、被认可的（2）	有能力（1）、上进（1）、努力（1）
	消极 2	焦虑（1）、害怕（1）	
研究生阶段	积极 9	感谢（3）、开心（1）、尊敬（1）、被认可的（2）	追求完美（1）、努力（1）
	消极 1	迷茫（1）	

（八）生命故事主题的内容分析

采用量化的方法对 S 的生命故事主题进行统计分析，可较为清晰地发现，在 S 的生命故事中，事功主题所占比重最大（占 49%），其次是修身主题（占 11%）和人伦主题（占 10%）。可见 S 的生命故事中主要关注事功主题（基本是个人发展事功主题）。在人伦主题中，朋友、同事关系所占比重最大，而且贯穿所有的生命阶段。

表5 故事主题频次统计

人生阶段	修身主题		人伦主题					事功主题	
	性格心理素质培养	道德修养	血缘关系	夫妻关系	朋友、同事关系	(尊卑)上下级关系	师生关系	社会国家事功	个人发展事功
小学	15				12		1		1
中学	12				11		1		11
大学	1				5				1
工作	13				1	1			36
研究生	4			5			4		32
总行数	45/388（11%）		41/388（10%）					81/388（49%）	

四、讨论

(一) S 的生命故事中体现出的人格特征

从整个生命经历来看，S 的整体生命基调乐观、积极，认同自己的人生。其生命故事主要涉及事功主题，并且以个人发展事功主题为主，不断追求事业上的进步和自我提升。在人伦主题中，朋友、同事关系所占比重最大，而且贯穿其所有的生命阶段。从基调、认同和主题上可以看出 S 具有以下人格特征：目标坚定，做事认真。她放弃待遇优厚的工作，毅然决然追求自己喜欢的心理咨询工作，不管多累仍能坚持。"我跟那个老师说，其他人可能就是在做自我体验，但是我觉得每一次体验下来，我是在梳理自己，还要学习怎么问话、怎么代入。" S 对个人的身体、性格和能力十分自信。虽然小学阶段经历多番转学，在适应新环境过程中十分孤独、敏感，但她性格开朗，有较强的亲和力，从小到大很受老师、同学和同事的欢迎。从小学习成绩很好，一直就读于重点学校。从小到大，工作能力深受他人认可，这些认可不仅提高了她的自我效能感，也使她变得更加自信。她虽然学习成绩很好，但不是"死读书"，有自己的娱乐活动。中学阶段，喜欢和朋友在一起策划舞台剧、编排歌曲、策划晚会。由此可以看出 S 喜欢有趣且具有挑战性的东西，自身富有想象力和创造力，勇于克服困难。S 小学时，妈妈教育她跟人打招呼，她虽然很不情愿，但是仍然能够逼自己去做；工作时出现的电话恐惧，自己也能够努力克服。S 在某保险公司内勤部从事过运营，这对她有较大磨练，跳槽之后一直从事培训类工作，经常在各处进行讲课和培训，又通过参加工作坊钻研过个体咨询，以及有从事个体心理咨询工作的经历。这些经历磨练了 S 的控制感。"可能我从小都在组织班级里面的活动，所以在控场能力……当你说话的时候，有办法让所有人静下来听你说话，我不知道这个是怎么炼成的，但是我觉得我有这个能力。"

（二）积极的人格特征促进了 S 学习和实践团体心理咨询

上述提到的 S 的人格特征：目标坚定、做事认真、自信开朗，亲和力强，富有想象力和创造力、勇于克服困难、控制感强等，和已有研究中提到的有效或有胜任力的团体心理咨询者的人格特征是一致的。已有研究发现，团体心理咨询领导者的人格特质会影响团体动力的形成与发展，影响团体目标的实现（廖秀红，2009）。吴玲、刘志宏（2007）也指出：团体心理咨询的领导者的人格特质，包括健康的自我形象，自信自爱、敏锐的自我意识，良好的环境把控力，不断自我探索，勇于创新的能力等。肖丁宜、樊富珉、杨芊等（2016）的研究表明，团体心理咨询与治疗师的胜任力模型包括影响力、观察力、领导力、积极乐观、意志坚定、灵活应变、驾驭能力和把握环境等人格特征。

本研究认为，S 积极的人格特征，使其在学习和实践团体心理咨询的过程中，体现出认真、灵活、创新、细致的特点。她2014年报了一个有两三百课时的网络课程，讲授者是樊富珉教授，当时她做了很多笔记，这种认真使她积攒了较为丰富的理论知识。在团体心理咨询过程中遇到问题时，她十分灵活，"我在现场能够接住很多他们接不住的问题，有些人是接不住的，就会一下子冷掉，可能就是灵活度不够。我就比较灵活些，因为我可以在做的过程中现场就能把活动改了"。S富有创新性，能够根据主题将已经积累的团体心理咨询活动重新组合，或者自己创造出新的团体心理咨询活动。用她的话来说："不会有两场活动是一模一样的，在我这里不会，我这个人比较好奇，每个群体不一样，认知、背景也不一样，我要带（团辅），首先我得契合主题是什么，我再找一些相似的资料，再根据群体进行修改，甚至有些活动是自己创意出来的"。S在进行团体心理咨询时注重细节的把握，包括活动安排、成员反映、主题引入、活动与活动之间的链接、引导、总结等。"团体心理咨询中……其实你要捕捉所有的（信息），就是你在那一个小时之间，你的注意力是高度集中的……就是眼观四面、耳听八方，确实要做到这个。站位时你要关注到，怎么让你的助手去调节他们的站位，而这个站位会导致他们抱团的时候就近原则，很多很多细节都要注意"。S有较强的领导能力、控场能力，"他不说话怎么办？引导啊。引导让他说，从简单到难……你去引导他说。说完以后要给适当的总结和鼓励"。

S团体心理咨询经历的整体基调是从疑惑—恍然大悟—有所收获—得到认可的渐进过程，体现出团体心理咨询者的素质要求与她本人所具有的人格特征高度契合。从S整个生命经历到团体心理咨询经历，提示我们个体人格中一些优秀的品质是学生学习和实践团体心理咨询获得成功的助推器。因此，如何塑造学生具备这些优秀品质是培养未来优秀团体心理咨询师需要思考的重要课题。

参考文献

陈婧，陆春红（2009）．我国团体心理辅导研究现状综述．学理论，（13），19—20．

樊富珉（2005），我国团体心理咨询的发展：回顾与展望．清华大学学报（哲学社会科学版），（6），62—69．

冯愉涵，张逸梅，樊富珉（2017）．国外团体咨询与治疗伦理守则综述．中国临床心理学杂志，25（2）．

贾烜，樊富珉（2011）．内地与台湾团体心理咨询研究现状比较分析．中国临床心理学杂志，19（2），272—274．

李子洋，刘伟（2017）．中国本土化团体咨询发展、前景与展望．改革与开放．（15），27—29．

廖秀红（2009）．团体心理咨询领导者的素养探析．网络财富，（20），140—141．

邵瑾，樊富珉（2015）．1996—2013年国内团体咨询研究的现状与发展趋势．中国心理卫生杂志，29（4），258—263．

吴波（2012），我国心理健康服务方法的现状研究．博士论文，西南大学，重庆．

汪明春（2007）．提高大学生学习自我效能感的团体心理辅导策略．黑龙江高教研究，（1），137—139．

吴玲，刘志宏（2007），论团体心理咨询领导者的必备条件．成都师范学院学报，23（11），1—3．

肖丁宜，樊富珉，杨芊，邵瑾，贾烜（2016）．团体心理咨询与治疗师胜任特征初探．心理科学（1），233—238．

向群英（2007）．贫困大学生抑郁心理团体辅导效果评价．中国学校卫生，28（10），924—925．

邢秀茶，曹雪梅（2003）．大学生人际交往团体心理辅导的实效研究．心理科学，26（6），1142—1143．

郑剑虹，潘枫，梁惠飘．（2016）．特殊教育学校盲生的自我认同研究．现代特殊教育（20），21—26．

郑剑虹（2016）. 生命故事访谈法：一种新的质性研究方法. 生命叙事与心理传记学. 北京：中央编译出版社.

Mcadams, D. P. (2001). The Person: An Integrated Introduction to Personality Psychology, 3rd ed. The Science News-Letter, 6 (3), 206 – 206.

Mcadams, D. P. (2005). What Psychobiographers Might Learn from Personality Psychology. In Schultz, W. D. (Ed.), *Handbook of Psychobiograohy*. New York: Oxford University Press.

Positive Forces of Personality: Life Story of Graduate S Learning and Practice Group Psychological Counseling

Na Dong-xue[1,2]　Yin Ke-li[1]

([1] School of Education Science and Management, Yunnan Normal University, Kunming, 650500)

([2] Guangdong Polytechnic College, Zhaoqing, 526000)

／ Abstract ／

By using the method of life story interview, the paper takes S, a graduate student who majoring in psychology as the research object, analyzes S' learning and practicing group counseling experience and life experience, and explores the relationship between her personality characteristics and her learning and practicing group counseling. S's serious, flexible, innovative, leadership and attention to detail personality characteristics affect her learning and practice of group counseling. Her easygoing, self-confident, optimistic, positive, sensitive and careful, as well as strong field control ability and adaptability help her to achieve success in the practice of group counseling. S's learning experience indicates that some excellent qualities in individual personality are the booster for students to succeed in learning and practicing group counseling.

/ Keywords /

Group counseling, learning, practice, personality, life story

改写生命故事：疫情中网络叙事治疗的实践与探索

刘静怡[1]* 刘电芝[2]

（[1]广东科学技术职业学院，珠海，519090）

（[2]苏州大学教育学院，苏州，215123）

/ 摘 要 /

在疫情期间，采用网络团体叙事疗法提供心理援助，连续14天通过生命支线、问题外化、局外见证人技术进行实践探索，推动团员们脱离"疫情"这个主线故事，让改写生命故事的"支线"得以展开，激发个体积极生活力量。在此基础上，探索了团体成员特征、心理咨询师引导对网络心理团体的影响，为进一步在中国推进叙事疗法实践提供借鉴。

/ 关键词 /

疫情居家，叙事疗法，网络心理援助，团体辅导

---

* 通讯作者：刘静怡，Email：396175658@qq.com

2020年的汹涌疫情影响了中国所有人，带来了一次团体性的心理危机事件。在这个特殊的疫情时期，虽然居家隔离确保了人们的身体安全，但庞杂的网络信息散布的各种负面情绪正危害着人们的心理，使很多人产生情绪困扰。当外在的灾难无法改变，心理辅导能带人进入内在的安全堡垒。如何在这个特殊时期，为需要帮助的人提供良好的心理援助，是心理工作者的责任。

多名心理咨询师志愿者组织了一个历时14天的网络心理援助团体，通过网络招募需要心理援助的人员，形成70余人的团体。通过网络采用叙事疗法，拓展生命支线，推动团员们脱离"疫情"这个主线故事，让"生命支线"得以展开，团队成员的相互鼓励与启发，使每个个体都能充分吸收到充足的外界资源而激发内在潜力，使自己的生活充满活力和意义。

一、疫情时期心理援助团体的启动和发展

（一）前期准备

在疫情前期，对用什么形式提供帮助、对谁提供帮助，咨询师团队进行了大量考量。

1. 援助形式

具有国家二级心理咨询师证书的三位专业心理咨询师组成了这次心理援助的团队，包括两位高校教师、一位医院心理科医生，他们都有超过五年以上的个案咨询及团体辅导经验。

由于疫情时期的居家隔离特殊情况，本次援助形式确定为网络团体心理援助，通过微信群组方式，进行线上援助。由于疫情造成心理困扰的人数众多，为了能最大限度地帮助更多人，采用团体辅导方式，期待团体动力让人们凝聚

一体，相互帮助、相互支持、相互陪伴，共同走过这段艰难时期。

心理援助团队活动在 2 月初正式开启，正是疫情确诊量急速上升的时期，周期设置为 14 天，是病毒的潜伏周期。本次网络心理援助团体的目的是为帮助需要心理援助的团员度过居家隔离的艰难时期，学会情绪疏导方式，找到自己的生命动力。

2. 团员招募

在团队启动前，主持团队通过当地社区工作人员以及社工机构负责人，了解了疫情期间居民的身心状况。根据他们的反馈，因为长期居家隔离，社区中有大量居民存在焦虑情绪、抑郁情绪及一定程度的恐慌，这些情绪在各小区社交群组中传播，造成大范围的影响扩散。对于心理状况严重的居民，包括强制隔离人员、疑似患病人员，社区会安排专门的心理专家一对一进行心理疏导，但对于普通居民，在心理援助方面力有不逮。

本次援助将想要获得心理援助的普通居民作为援助对象。直接通过网络进行宣传推广和团员招募，最后招募到 70 余名团员，进入团体的人互不认识，有着各种不同的背景、阶层和年龄，大多数成员来自珠海本地，也有了解到信息的其他城市的成员加入。在第一次团体活动中了解到，团员们在疫情冲击下出现了一系列抑郁、焦虑、恐慌等情绪问题，迫切想要获得缓解情绪的方法，有强烈自我成长意愿。在这个团体中没有出现真正的现实问题，没有团员处于强制隔离中，也没有团员真正感染新冠肺炎。对于无现实问题的心理困扰的解决，运用网络团体方式，可以同时解决多人的问题，而且团体动力有助于推动团员向正面积极方向发展，用最少的人力物力做到最大的帮助。

（二）方法选择

有研究表明，叙事疗法对于治疗复杂的心理创伤具有优势，是创伤后应激障碍（PTSD）的主要心理干预方法（肖英霞，李霞，2017）。叙事疗法让来访者感受到自己的力量所在，帮助来访者建构一个"主动进取的自我"，不探究问题，将注意集中在积极体验（王忆情，2017）。叙事疗法能快速地依靠个体自己的力量建立起应对创伤的机制，不深入探究消极部分，避免造成二次伤害，能够快速激发个体潜能，将注意聚焦于积极方向，不容易引起阻抗，这些特征非常适合应用在网络心理援助团体中。因此，我们在网络心理援助团体中重点采用了叙事疗法，包括使用生命支线、问题外化、局外见证者技术，帮助团员们摆脱疫情带来的各种情绪困扰，寻找到生命能量，开始积极生活。具体步骤如下。

1. 支线故事

叙事疗法理论认为，故事的讲述将改变个人，如果人们困于有问题的主线故事，将会困在固着的认知中，选择性地忽略其他信息，当我们发现新的角度，产生新的态度，便可以产生重建的力量，找到支线故事，能让人们重新看待问题，获取资源（冷含君，2016）。为团体找到了一个合适的支线，那就是生活。希望通过对生活资源的挖掘和传播，发挥团体成员的主动性，将注意力导向自身，导向我们可以去发展的生活意义，而不是对着"疫情"这个主线打转，徒劳无功地达到缓解减轻创伤的目的。团体辅导中邀请团员进行生活分享，用视频和图片的方式展示自己每天的精彩瞬间，讲述自己一天中的欣喜故事。

有研究发现，闲聊式的对话，有助于帮助被访谈者放松心情，畅所欲言（费峻峰，赵兆，2017）。这个心理援助团队中咨询师采用了比较松散的组织形式，每天固定时间进行生活分享，作为故事的开端。分享时段几位心理咨询师志愿者同时在线，以聊天的方式对每个团员的生活分享进行跟进，聊天式的语言背后是叙事治疗的专业提问，对他们的故事进行反馈、拓展和挖掘。我们并不要求一个人将故事一次讲完，也不就我们感兴趣的内容提问，而是聚焦在对方自身想要表达的内容上，做正面反馈，让他详述细节。我们运用了叙事中的提问技巧（Freedman & Combs，2009），尽量使用影响性提问进一步挖掘故事，"能再说说吗？我觉得非常有趣。""你有什么样的感觉呢？""你是怎么度过那段时间的呢？"

故事从主线到支线。在一开始的时期，团员会忍不住在群里继续转发疫情信息，或者将生活的重心仍然放在疫情上。这些故事充斥着各种消极情绪，因为疫情产生的无聊、焦虑与恐慌，被封锁在家很多事情没有办法顺利推进、无所事事感觉到的低落情绪，看到网络的各种信息感受到的愤怒和难过……叙事疗法提出应聚焦于唤起当事人生命中曾经活动过的、积极的东西，以增加其改变的内在能量，从而引导他走出自己的困境（胡愈琪，2008）。这时，我们会积极反馈，让团员们分享更多关于自己的生活，为自己做了什么让自己快乐的事情。也会帮助他们回忆曾经让他觉得快乐的事情，鼓励他们去体验。通过一些积极的分享，比如烹饪的菜肴、花艺、音乐、书籍、按摩、和父母一起愉快地看电视的画面……慢慢地越来越多的人开始关注自己生活的愉快方面。每一次生活分享就像打开一扇窗，让彼此隔离的我们透过窗户看到各自不同但同样精彩的生活，带来各种新奇的感受和触动。

2. 问题外化

团队成员普遍的需求就是得到情绪的疏导，在疫情的影响下，每个人都有一定的情绪困扰，有人因为自己感冒了恐慌，有人因为隔离而烦躁，有人因为网络消息愤怒，有人因为无所事事感到无聊甚至抑郁。在帮助团员处理情绪和问题方面，团体中运用了问题的外化技术，并带来了非常显著的效果。

叙事疗法可以通过为问题命名促成问题的外化（Martin Payne，2012）。问题的外化可以让人更清晰地将问题和自我分开，找到问题、暴露问题，也才会更有能量去解决问题。

在团体主题中,加入了情绪故事。引导团员将情绪命名外化,讨论情绪带来了什么,好的和坏的方面,自己为此做了什么。团员们特别喜欢为自己的情绪命名的方式,当他们开始命名,一切都变得有趣和充满幽默感。有团员把自己的抑郁命名成泥巴怪,它总在她很累的时候无聊的时候出现,把她黏在床上,甚至把整张床变成"沼泽",最后她想到带泥巴怪去晒晒太阳,等它变成土块掉下来。还有黑色的怪物,电火花,黑洞,等等。将情绪外化后,团员们谈论情绪更加坦然,感受到更多的掌控感。每个人反馈的情绪状态也慢慢从无聊、低落、烦躁到接受、平静、坦然……

3. 局外见证人

团队支持在整个变化中起到了非常重要的作用。在叙事疗法中。治疗师之外的人加入见证生命故事的历程和叙述非常重要,这样的观众称为局外见证人。局外见证人可以由咨询师在某次咨询中邀请同行进入,也可以是咨询团体中的其他人。局外见证人同样分享自己被触动的某段个人经验,通过生命的共鸣增强来访者的生命力量(Martin Payne,2012)。人在遇到困境时,并不是将自己封闭起来就能疗愈,而是需要与外界交流实现新的能量的注入(钟耀林,2015)。

而在本次的网络团体中,团员们的互相支持和反馈,同样作为局外见证人彼此见证。当一个人做分享,其他的人便也分享自己相似的经验,以及体会和收获。此时,咨询师本人及引导团体成员中须无条件地给予支持、理解甚至鼓励。这种无条件的支持和理解才能使所有人迈向坦诚,这是一种相互促进的方式。作为团体整体,后期的主题已经完全离开了"疫情",投入到自己的个人成长感悟中。

在松散的聊天中,心理咨询师志愿者需要有敏锐的嗅觉,当有意思的故事发生，心理咨询师们会引导所有团员关注，采取反思性的提问方式。"大家对这件事有什么想法吗？""这件事给你们有什么样的触动？""让你们想起了一些什么样的事呢？""你们感受到他身上的什么力量了吗？"以此打开局外见证人的集中讨论。积极反馈可以带来更多信心和力量，在整个团体中建立相互信任和激励。几次之后，不需要咨询师的引导，就会有很多团员热情地对彼此的故事进行反馈，甚至联想自己的故事、讲述自身的经验。在后期，不需要咨询师的推动，人们就会包裹在爱的氛围中，每个团员的参与力会逐渐增强，感受力也会随之逐渐提升，他们会更多地在关键问题上彼此回应、反馈，花更多时间自发地聊天讲述。一旦团队成员的自发性生长起来，咨询师主要是旁观和抱持，让位于团体的力量，只在关键点上进行引导与总结。

(三) 效果呈现

在 14 天的团队周期里，咨询师用简单轻松的聊天方式，等待故事自然浮现，由故事带领大家走进生命的隧洞，而不是咨询师去推动故事发生。这就是生命的奇妙之处，听一个故事，如同等一朵花绽放，你并不需要做什么，只需要给到阳光、雨露，然后注视着它静静等待。生命自有进程，所有奇迹都自内而外，咨询师只是陪伴者、见证者。事实正如我们所想，当团体的流动开始，故事便慢慢铺展，带着生命本身的力量。

在最后一次团体分享中，我们引导所有人对这 14 天的收获进行了总结反思，以微信留言方式进行集中分享。团员们都给出了非常丰富的回馈，不仅仅是对疫情期间的思考，更是对生命整体意义，未来人生规划的一次反思和成长。

我们惊喜地发现，团员们的收获比我们预期的更加丰硕。因为是人数超过 70 人的网络团体，我们无法顾及到所有人的情况，其中一小部分团员虽然在团队中,却基本没有发言,我们也没有精力一一询问他们的状况。但在最后的总结中,这部分团员中也有人留言分享了令人感动的成长收获。在网络团体中,由于规模大,人员驳杂,可能存在一些并不活跃、没有存在感的团员,但这些团员并未缺席我们的活动,他们一直在旁观故事的发展,在最后的集中反馈中,很多人都讲述了这些故事带给他们的人生触动。

有趣的故事有时候就像明灯,在讲述中自然照亮他人,种下火种。故事的丰富和变化,就像人生的转折,新鲜的力量永远带来意想不到的活力。

二、疫情时期团员的故事改写

叙事治疗激发了当事人的主动性,该疗法认为人们都会采取行动来避免或减轻创伤的影响,对创伤的应对方式反映出人们在人生中所重视珍惜的事(White,2003)。每个人都是解决问题的专家,叙事治疗主张汲取经验不同的叙说方式,使故事变得丰厚,使人变得更自主更有动力(李明,朱晓艳,2017)。作为疫情期间的心理援助团体,咨询师要做的是开发团员的主动性,等待变化的发生。团队最后的落脚远高于援助,而是放在个体对自己生命意义的探索上。通过故事的展现、问题的外化、细节的挖掘,资源的呈现,最后所有人都能通过故事的叙说和改编,感受更深邃的生命意义,以及对待生活的全新角度。这不仅仅是援助,更是个人成长上的一大步。

(一)发现愤怒是一面墙的故事

这是一个非常喜欢帮助他人的人的故事。阿友是一个社工机构的负责人,人过中年的他一直非常乐于助人,同事朋友都喜欢找他帮忙。在疫情期间,他同样为朋友疏导情绪当情感垃圾桶,还收留了一个同事的小狗。而他自己却又越来越感到力不从心。在团体中，他多次分享自己非常愤怒烦躁的情绪。"这些人这些事让我觉得很烦躁，那只小狗也让我很烦躁。这段时间我状态不好。"

很多"老好人"都有类似于阿友的困惑，当助人超出了自己所能承受的界限，内心的愤怒便因此而生。"以前你在什么时候感觉到这样的烦躁呢？"阿友回忆起自己常常在给别人提供一些帮助后，感觉到烦躁。"我明明很喜欢帮助人，不知道为什么会很不开心，我应该处理好自己的情绪。"阿友常常想要做一个更好的人，他甚至很难表述自己的烦躁其实是一种愤怒，他觉得自己是不应该生气的，把愤怒当作自己的一个不好的特质去排斥，尽量地控制自己。

当我们在团体活动中运用了问题外化的方式，有趣的事情发生了。阿友发现他的愤怒是一面墙，他希望我们帮助他去确立自己的边界，学会拒绝别人。因为愤怒的外化，他想到了更多处理愤怒的方法，他和朋友联系，希望对方尽快接回小狗，这是他以前不会做的，没想到对方爽快地答应了。

当他真正看到这面墙，他发现这面墙是想保护他，他对愤怒的抵制被改写了，"原来我真的很需要这面墙，我总在帮别人，越来越多人找我，有很多乱七八糟的事情，我真的要去拒绝。我应该看看自己的生活，多给自己和家人一些时间。"对此他回忆了和家人在一起的舒服自在的时光，并决定在疫情封闭期间，和家人创造更多美好的回忆。在后来的日子，他分享了很多和妻子的日常，包括帮妻子修补她童年时的泥塑马，和妻子重温关于这些泥塑马的故事，和妻子创造了一个一个动人的瞬间，这些动人的瞬间使夫妻间的关系更加温馨和谐。只是一次问题外化，就改写了阿友和愤怒的故事，将与愤怒对抗转化为运用愤怒帮助自己，在愤怒铸造的围城内盛放了他和妻子的温馨日常。

他的故事，同样照亮了其他团员的生活，大家都分享了和家人的温暖时刻。有女团员分享自己和老公约定每年情人节老公都要100%满足她提的要求，其实她每次都只是要求老公给她煮一锅粥。还有爸爸分享自己和儿子的打斗日常，他担负看管两个儿子的任务，让老婆去睡午觉。也有团员分享和家人的歌唱日常，在疫情期间，他们一家人晚上就一起对着电视飙歌……这些故事虽然平淡、简单，但充满真情，这就是最平常的、温暖的人间烟火，也是疫情时期留给我们的珍贵礼物。我们相信这份礼物会一直在每个人的生命里一直延续下去。

（二）点燃生命火光的故事

在这个团队中总有很多出乎意料的巨大转变。阿艳是个非常有能量的女性，在初期，她总是喜欢转发各种信息，分享她对一些人哄抢物资、不戴口罩引起的愤怒。她形容自己是一个非常容易暴躁、毛躁，很难心静的人。咨询师反馈，"我感觉到你特别有活力。"她却立即反驳："没有，我知道自己一直很毛躁，静不下心。"

阿艳是一个能量非常强的人，她充沛的活力无法合理释放便会演变成为类似暴躁、毛躁的特质，这是她自己非常不喜欢的，她希望自己能够更加平和。事实上，有很多人希望自己能忽然变成和自己特质相反的人，这就像要一只老虎变成一只兔子一样困难。幸运的是通过问题外化我们再次找到了和解之道。

在问题外化的活动中，阿艳将她的暴躁和毛躁外化，她给它们取名为火光。"我对那些不守规矩的人那么暴躁，是因为我希望生活更美好，世界更美好，人们都能充满爱。每次我看到自己接受不了的事情，火就会烧起来，想要把这些都烧掉。有时候这个火可能会殃及身边的人。""那么对于这个火你都做了什么呢？"当阿艳去回忆，在生活中她总是可以通过瑜伽、练毛笔字等方式对抗暴躁，让自己心静，事实上她总是能够战胜暴躁，掌握自己的生活，这个发现让她觉得暴躁根本不算什么，肯定了自己强大的生命力量，感受到对自己深深的接纳。

当感受到自己完全可以控制暴躁，阿艳获得了更好的主动性，她觉得坐在窗前发呆或者看书，会感受到从未有过的舒适和平静。便说做就做，为了更好地安抚自己，她在家为自己建立了休憩角。每天她都在群里分享她的休憩时刻。小桌铺上美丽的方巾，精美的各种瓷器，插花，还有精致的食品。她在自己的故事中接纳了自己的暴躁毛躁，了解了它们的真实意图，她展现了和自己原先想的截然不同的品质，不仅仅是热情，更有对生活的细致求美的追求。

她在团体中展现着她丰富的生命支线，故事从我是个脾气不好的暴躁女人，我觉得对网络上很多消息感到不满，改写成美好的生活日志。在她的号召下，团员们纷纷布置自己的休憩角互相展示，她带来的充满"火光"的能量，激发了所有人生活的热情，团队被这团火光点燃：有人分享自己读书的收获，有人分享自己练习瑜伽的感受。还有一位团员，分享了他自己的一首小诗《像个孩子》："像个孩子，走过童真，岁月静好的日子，可以无忧无虑，可以放声歌唱。几米说，我的心中每天开出一朵花，我想，这是世界上最美的花吧。童真的世界，五彩斑斓，似花儿朵朵，盛开在每个心灵的深处。像个孩子，充满冒险，喜欢探索新奇的世界。当我们已经长大，是否还记得，那个曾经懵懂无知的自己，是那么勇敢，一路前行。"

如果在我们心灵深处一直保持着孩子的好奇，如探险一般探索自己的故事，挖掘深处的宝藏，我们的人生将充满各种有趣的惊喜和奇迹。

（三）伤害的疗愈故事

在团队中有个特殊的故事。阿善是一个非常热血的朝气大学生，当他来到群里，他带着自己沉重的故事，在两天前，他给一个承诺捐款的主播打款5000元，结果遇到了诈捐。他带着疑问而来，为什么会发生这样的事情？为什么有这样的人？他沉迷在这个故事里几乎无法自拔。对于这件事情，他无能为力，甚至对募捐失去信心，因此愈加痛苦。

诈捐事件给阿善带来了一次心理创伤，近一周他反复回忆被骗的过程，不想做任何事情，情绪低落、痛苦引起失眠，因为被骗的羞愧感使他不想把这件事告诉现实生活中的其他人。咨询师在团体中进行了"对这件事，大家有什么看法么？"的引导，团队里的其他团员都积极做出了反馈，很多团员肯定了阿善是一个非常有爱心的年轻人，所有人都非常关心他的状态。大家的关注和反馈让阿善能更深入挖掘自己的故事。在他的成长经历中，他从来没有遭遇过这样的欺骗。在他小时候，他的奶奶同样是个乐善好施的人，不管是找她借钱，还是对路边的乞丐，奶奶总是慷慨给予。他的爸爸却老是说奶奶傻，助人不图回报。奶奶总是说，也许别人是真的很需要帮助呢。在他的生命中，奶奶对他的影响非常大，当他讲述奶奶的故事，他心中也充满疑惑，找奶奶借钱的人很少还钱，奶奶一生也很清贫，到底如何看待给予、奉献和欺骗呢？

阿善的疑问带给群体成员们很多触动，大家在群里分享了自己的故事，有关于正规的捐款方式的分享，也关于如何分辨欺骗，有关于无偿献血等。让人印象深刻的是团体中的一位一线医护人员分享了自己的一篇日志。"当我告诉妈妈，我今年就不回家过年了。妈妈在电话那头许久未说话，最后和我说，好的，孩子，自己保护好自己，不用牵挂我们，我听完眼泪就出来了，马上挂了电话。等不及把眼泪擦干，我们就全身心地投入到工作中，每天的培训、考核，患者的接待、转送，大家严肃以待，全然不见新年热闹气氛。由于防护服的密封性我们常常汗湿多次，由于防护物资的紧缺，也因为舍不得换掉那一身防护服，我们医护人员不喝水，不吃饭，直到患者安全转送才放心。除夕将至，路上行人纷纷，大家都赶着回家团圆，但还有许许多多像医务工作者这样的人奋战在一线。就是这些平凡而又普通的人，在国家和人民有需要的时候，默默付出，用实际行动证明了自己的不平凡！"白大褂下医护人员们都是普通人，也是血肉之躯，也许没有惊心动魄的故事，但每个人都诠释着责任的含义。最后她分享了一封信，一位父亲写给女儿——一个95后小姑娘的信。最后有一句，"努力到无能为力，拼搏到感动自己。当你回首往日时光的时候，你才能无怨无悔。"发人深省。

分享不同的人不同的故事，让阿善真实地看到了世界的两面性，也许会出现欺诈，但爱和奉献从未缺席。在群体的支持中，阿善最后认为，自己会继续传递爱，会帮助需要帮助的人，同时也需要谨慎，认真地去做判断。这一次受到的欺骗，让他的人生发生了改变，让他有意识地更加谨慎地去进行甄别，而不是对募捐失去信心。他的故事从受到欺骗到充满了愤怒，从失去信心与信任到完整地看待世界和爱；之前激烈的情绪反应得到了平复，他重新开始了新的学习生活。

其实真正的正气，并不是说世界上只能有好的，不能有坏的，而是接受这世界上存在好的和坏的，真正重要的是我知道我是谁，我自己的选择让我成为什么样的人；知道怎么对自己的选择负责、怎么从选择中进行反思，从而能进行更好的选择，成为更好的自己。

三、总结与展望

在今天，互联网的迅速发展，为心理服务的网络化发展提供了契机，网络心理团体的远程服务、方便实施更是目前的发展趋势所向。网络团体和面对面团体存在着差别。在疫情居家时期，我们对网络心理团体进行了探索。在这个疫情期间的心理援助团体中，叙事的运用无处不在。叙事技术让我们在整个过程中，摆脱了"疫情期间我们被封闭在家，什么都做不了"的状况。叙事，为情绪的宣泄、为心灵的打开、个人的成长开拓出新的空间，发展了全新的渠道，助人自省，助人成长。

（一）网络招募团队成员对团体发展的影响

首先，在团队成员的选择上，这次网络团体中团员招募完全来源于网络招募，没有筛选条件，进入团体的成员存在年龄阶层、社会阶层、文化水平等各方面的巨大差异，彼此之间也是陌生人，不知道彼此的现实信息。在陌生的团体里，部分人会更愿意分享，更有安全感，也更容易表现出热心的天性。而团员们重大的异质性，给团队注入了更多的新鲜感和活力，不同生活面向的分享常常可以激活更多人的兴趣和思考，作为局外旁观者时，也能提供不同角度的思考方式，带来更多灵感与启迪。

而在人数较多的网络团体中，有积极活跃的人，同时也存在一部分长期不参与讨论的人，如何更好地激发这部分团员，依然是要思考的问题，当然，不发言不代表没收获，他们一样会在团队中有所收益。

在叙事治疗的本土化研究中，中国人的"面子观念"对叙事团体可能会造成影响（王凤姿，2019），但在网络团体中，由于团员通过网络招募，彼此素不相识，网络的屏障更好地保护了团队成员的个人隐私，团队成员更加坦诚和开放，很乐于表达自己的困惑和各种情绪困扰，"面子"的影响会更小。相反，由于中国人喜欢自谦的特质，当被欣赏和赞美时，很多人给出否认的反馈。比如，当对阿艳表达，"我觉得你真的特别有活力，很有激情，这是你的火光带给你的吗？"她立刻否认："我很暴躁、很毛躁，我自己知道的。"虽然表达上如此，但能感觉到她收到正面反馈后，后期发言更加积极，绽放更多活力光彩。在最后的总结中，她正视了自己的优势，展现出对自己更多的接纳。自谦并没有对整个叙事的效果产生影响，只是在一瞬间的本能反应，当我们用更多的时间等待，自谦带来的否认就会慢慢融化。

（二）专业心理咨询师的引导对团体发展的影响

在叙事治疗中，心理咨询师扮演合作者、支持者的角色，为案主营造一个安全、接纳、包容的环境，鼓励其以最真实的体验讲述自己的故事。通过专业对话，帮助案主从问题叙事中找出被忽略的细节和片段，唤起案主改变的力量，从而摆脱问题的影响，建构积极的生命意义。同时相信案主有能力解决自己的困难，强调案主在其生命意义的塑造过程中的主观能动性，而积极的自我认知与力量感正是危机干预中重要的保护性因子，能够支持案主在逆境里找到方向、走出危机（蔡思敏，2019）。

在这次网络心理援助团体中，专业心理咨询师的引导同样非常重要，咨询师需要在引导和让位中找到平衡，这非常具有挑战性。在网络互动模式中，咨询师要保护团员的个人隐私和内心安全，创造一个安全、接纳、包容的环境，这个环境是一切的基础，在安全接纳的土壤中，叙事的魔力才能渐渐展开，生命故事才得以有序绽放。另外，团员的复杂性，网络的距离感，都要求专业的心理工作人员需要及时给予专业的引导，能够随机应变，处理突发问题。这对心理咨询师的要求非常高，需要理论及丰富经验的支持，才能敏锐觉察关键问题，进行引导性提问，同时对团员提出的疑问和困扰有自己的心理预案，把握全局发展。重要的是，心理咨询师需要更有耐心去等待，让位给来访者，不做建议，不着急推动，信任来访者的自主性和力量感，能够有耐心去等待而不是直接给出答案。

在这次心理援助团体的发展中，我们弱化了专业性的指导，用叙事聊天的方式进行推动，这样群里的团员会减少压力加入讨论，形成互助。在最后的总结中，很多人反馈，觉得在这 14 天中，没有感觉老师讲了很多心理学的专业知识，但在潜移默化中，当初进群时所带有的情绪困扰都慢慢松动消失了。因此，一旦局面打开，咨询师的指导就需要弱化。咨询师什么时候提问引导，什么时候默然静观，对整个局面做到进退有据，这一切都考验着心理咨询师的专业素质。

（三）叙事治疗方式对团体发展的影响

叙事治疗模式强调语言在治疗过程中的中心性，谈话既是案主表达思想的过程，同时也是意义诠释的过程，具有意义建构的作用，不同的谈话方式会影响个体自我建构的取向（杨世欣，2013）。叙事治疗就是通过对话，使来访者摆脱这种消极的话语方式，采用积极的话语方式，以建构更有生命力的人生故事，语言的建构与作用在治疗过程中发挥着至关重要的作用（尹新瑞，2019）。

网络中的交流主要通过语言进行，叙事治疗采用语言重构故事，非常适合在网络团体中运用。在这次的心理援助网络团体中，采用的微信群分享方式，通过专业心理咨询师进行针对性的反馈，以语言方式帮助疫情时期的团员们重新建构自己的生活，反思生命的意义。在这个团体中，语言的表达和反馈，即是治疗。

叙事治疗的目的是拒绝将人视为问题，将问题外化，帮助他们将自己与问题分开（Monk，Winslade & Crocket et，al，1997）。在情绪处理部分，我们引导团员将情绪问题外化，团员们对这种方式反响热烈，进行了积极回应，在我们的文化中，习惯将情绪问题和个体结合看待，喜欢表达"我总是懒惰""我是个暴躁的人""我觉得我不够有耐心"……有助于打破旧有模式的坚冰，让团员们更能集中注意观察自己的情绪问题，寻找解决方式，也更能接纳和肯定自己。很多团员通过问题外化的方式和自己的情绪或问题达成了和解，增强了自己的力量，寻求到了更好的方式。

个人心理的重构是一个漫长的过程，作为引导者更要有耐心和信心去等待，了解到我们是陪伴者，个人本身才是挖掘者。在这个过程中，咨询师和团员们结成同盟，在信任和安全的环境中，让故事更自然地呈现，同时让自我发现慢慢发生。所有故事的转变都不是在某一天突然完成，而是在14天的团队活动中，通过每一次分享，慢慢积累，浸润性地发生，也许在最后的总结中成长顿悟才发生。最后的总结至关重要，团员们的积极性将在最后一次活动被全面激发，它是长时间等待和酝酿后的一次突破。充满仪式的总结引导会让个人完成一次内在升华，帮助团员将这次活动的所得整合到整个生命中，改变内在语言，调整行为模式，甚至改写命运。本次活动中我们在最后只采用了简单的总结分享，即便如此，依然收获满满。在以后的活动中可以设计更加有仪式感的总结方式，比如通过信件方式。研究发现，在最后阶段同时叙事治疗也非常重视信件在治疗过程中的作用，本质而言，信件是治疗的延伸，通过信件将治疗室之内的治疗过程延续到治疗室之外，从而稳定治疗成果并进一步推动治疗向前发展（尹新瑞，2019）。

（四）问题及进一步展望

有研究指出，叙事疗法难以有效解决案主面临的实质性问题（尹新瑞，2019）。这次心理援助团体中，并没有出现严重的创伤后应激障碍（PTSD）患者，团员们在疫情冲击下出现了一系列情绪问题，但没有真正的现实问题，没有团员处于强制隔离中，也没有团员真正感染新冠肺炎。针对出现严重心理问题成员，建议增加一对一针对性心理咨询给予更多支持，如果有严重的现实问题出现，应考虑和社区建立合作关系，解决现实问题及提供心理帮助。

随着叙事治疗方式在社会工作领域的应用不断发展，有学者开始反思叙事治疗方式在中国的运用（李昀鋆，2014）。本次网络心理援助团体，在特殊时期实践了叙事疗法，证明叙事疗法在网络心理团体中使用效果良好。互联网环境日益发展，网络这种突破地理局限的方式将大量用于心理咨询、心理援助，如何进一步发展网络叙事团体，依然需要进一步的探讨。网络不同于现实，网络叙事团体面临很多挑战，网络团体成员会更加复杂化，彼此陌生既可以提供隐私安全的保护，但团员之间可能出现毫无顾忌的相互攻击，更可能造成团员的冷漠脱离。前期的团队规则设置，过程中的安全保护积极引领，活动中的仪式感设置，活动最后的启发总结都非常挑战咨询师的专业性，把握这四点是做好网络叙事团体的基础。

心理咨询应进一步把叙事疗法带入实践，在实践中找到更合适中国的叙事方式，将心理的种子通过故事打开，让叙事的方式得到人们的接纳与传播。

参考文献

蔡思敏 (2019). 叙事治疗在大学生心理危机干预中的应用. 西部素质教育 (18), 87—88.

费峻峰, 赵兆 (2017). 叙事治疗视角下的心理健康教育. 医学心理学 (38), 52—55.

胡愈琪 (2008). 试述叙事心理治疗的原理和技术. 成才之路 (13), 68—69.

冷含君 (2016). 将叙事治疗应用于心理健康教学的尝试. 江苏教育 (12), 37—39.

李昀鋆. 中国社会工作情境下叙事治疗的理论技术应用及其可推广性研究. 社会工作, 2014 (4): 93—99.

李明, 朱晓艳 (2017). 发展支线故事, 让叙事治疗走进校园. 江苏教育 (24), 7—9.

王凤姿 (2019). 叙事治疗在我国社区心理服务中的应用及其文化适应性. 湖北开放职业学院学报, 32 (21), 112—113.

王忆情 (2017). 叙事治疗的理论论述及展望. 教育心理. 10: 164—165.

肖英霞, 李霞 (2017). 暴露和叙事疗法在创伤后应激障碍心理干预中的应用与比较. 中国健康心理学杂志, 12 (43), 163—167.

尹新瑞 (2019). 社会工作叙事治疗的研究现状及本土化转向——基于哲学文化视角. 理论建设 (5), 105—112.

杨世欣 (2013). 叙事疗法: 话语下绽放的叙事自我. 漳州师范学院学报: 哲学社会科学版, 27 (4), 134—137.

钟耀林 (2015). 重写生命故事之美: 叙事自我疗愈行动程式分析. 社会工作与管理, 15 (4), 43—49.

FREEDMAN, J. & COMBS, G. (2009). Narrative Ideas for Consulting with Communities and Organizations: Ripples from the Gatherings. *Family Process*, 48 (3), 347-362.

Martin Payne (2012). 叙事疗法. (曾立芳译). 北京: 中国轻工业出版社.

MONK, C., WHISLADE, J. & CROCKET, K. et al. (1997). Narrative Therapy in Practice, the Archaeology of Hope. *San Fran-cisco: Jossey-Bass*, 7.

WHITE, M. (2003). Narrative Practice and Community Assignments. International Journal of Narrative Therapy & Community Work, 2: 17-55.

Rewriting Life Narrative: The Practice and Exploration of Network Narrative Therapy in Epidemic Situation

Liu Jing-yi[1]　Liu Dian-zi[2]

([1] Guangdong Vocational College of Science and Technology, Zhuhai, 519090)

([2] School of Education, Soochow University, Suzhou 215123, China)

／ Abstract ／

This report records the application of narrative therapy on network psychological groups during the coronavirus pandemic. For 14 consecutive days, through the methods such as life branch, problem externalization, and outside witnesses, the group promoted members to get out the epidemic stories and continue their life branch, inspired the power for active life. Furthermore, the report records the discussing of group member characteristics and the influence of the psychological counselor guidance, providing a reference for the further application of narrative therapy in network psychological groups in china.

／ Keywords ／

coronavirus pandemic; narrative therapy; network psychological; group counseling

新冠疫情期间一位武汉大学生的叙事研究[*]

竭　婧[1][**]　万子俊[2]

(^{1}海南大学心理健康教育中心，海南海口，570228)

(^{2}海南大学人文传播学院，海南海口，570228)

/ 摘　要 /

从2019年12月开始，新型冠状病毒疫情引起了广泛关注。中国的迅速应对和有效措施赢得了国际社会的掌声和广泛支持。截至2020年3月，我国疫情已经趋于平稳，集体情绪也趋于平静。本研究以居家抗疫的武汉市大学生茵作为研究对象，采用个人叙事研究方法，以半结构式访谈及追踪研究的聊天记录与微信朋友圈动态为佐证材料，进行文本分析与诠释。研究结果表明，访谈对象在疫情期间的心理状态出现了"N"字型曲线变化，从疫情初期的焦虑、委屈、愤怒、迷茫到中前期的回避和故作平静，再到中后期负面情绪的完全爆发，最后与自己和解、充满

---

[*] 基金项目：教育部人文社会科学研究一般项目青年基金项目 (项目编号：19YJCZH067)

[**] 通讯作者：竭婧，副教授，E-mail: jiejing@hainanu.edu.cn

感激之情。据此本研究提出了重大疫情期间对于心理疏导的相关建议。

/ 关键词 /

新型冠状病毒肺炎，疫情，叙事研究，访谈，心理疏导

一、引言

近百年前，鲁迅先生在他的杂文《这也是生活》中坚定地写下过这样一句话："无尽的远方，无数的人们，都与我有关。"从2019年12月开始，一场由新型冠状病毒肺炎引起的疫情风暴迅速席卷了全国乃至全球各地，彻底打乱了广大人民群众的平静生活。最初，疫情只是新闻上的一句"武汉出现不明原因引起的肺炎症状"，对于湖北以外其他省市包括湖北非武汉市的普通民众而言，那时候疫情的危险距离他们看起来是那么遥远，但随着感染人数和密集接触人数的不断上升和国家采取的卫生管控措施愈加严格，人们开始逐渐意识到问题的严重性，紧随而来的就是焦虑和恐慌。

2020年1月23日的"武汉封城"无疑成为压倒许多人乐观态度的最后一根稻草，街头巷尾都能听到有人在讨论突然爆发的新冠疫情，人们开始自觉地减少外出频率，各地政府也相继出台了限制出行和公共场所管制的通知，疫情的阴云开始笼罩整个中国。总体上看，大多数民众还是保持着相对健康的心理状态，但人们对于疫情的担忧和焦虑是显而易见的。或许，当我们见过一座城市曾经是多么的好，多么的繁华、充满生气、车水马龙、人声鼎沸的时候，我们才会感受到这座城市连带着她的千万市民画城为牢、自闭战疫的决绝与悲

壮。正如美人迟暮的那天，我们总会叹惋她碧玉桃李时的芳华卓越；对于武汉，也是这样。我们没有见过她繁华的绚丽，就无法读懂她此时沉寂的悲哀。那么，疫情爆发期中的普通武汉市民，他们的心理状态经历了怎样的变化呢？

目前我国关于疫情期间民众心理状态的研究大多采用量化的方法进行，如设计量表收集数据并进行分析得出结论，得出了一些有意义的普遍性结论。但是却很少有采用个人叙事研究的方式来考查疫情期间个体心理状态的转变，个人叙事研究作为质性研究方法的一种，相较于量化研究方法，可以更深入地了解其在疫情期间居家隔离的内心感受。于是，我们有目的地找到了一名土生土长的武汉女大学生，且她在疫情期间正在疫情的中心——武汉市居家隔离。从 2020 年 1 月到 2020 年 2 月，武汉大学生茵在微信朋友圈中和微信聊天中表现得一反常态。疫情初期她表现得震惊、委屈和不满；中期的时候开始回避这一话题；到 2 月中下旬再次开始变得容易激惹、敏感脆弱；最后随着疫情的平稳，她开始与自己和解，充满了感恩之心。从这个具有代表性的女大学生身上，我们看到了普通民众对疫情的风险感知、疫情期间的心理状态转变以及对政府的期盼。

本研究的目的是深入分析身居武汉的大学生茵在新冠疫情流行期间的心理状态变化，并在此基础上提出疫情期间心理疏导的相关建议。研究采用个人叙事研究方法，以居家抗疫的武汉市大学生茵作为研究对象，搜集关于茵的访谈数据、聊天记录和朋友圈动态，进行文本分析与诠释。我们将跟随茵的视角步入疫情期间的武汉，展现新冠肺炎疫情期间"武汉封城"之下武汉普通市民的愁苦与彷徨，解读茵个人叙事中的要素并提出相关的思考与建议。

二、研究方法

（一）叙事分析

叙事分析是对某个人具有重要影响的经历、创伤或挫折进行分析，这些经历或是创伤是促使个体进行叙事的动力（莱昂斯，考利著，毕重增，2010）。个人述说的生活故事本身就反映了个体心理状态的变化过程。如果我们要了解一个人，必须首先了解他的故事。对故事的叙述使我们能够认识自己，了解他人（马一波，钟华，2006）。它通过对个人的自述故事进行分析、结构、重组以达到研究的目的（刘毅，肖胤佳，2015）。

（二）访谈对象

本文采取目的取样的原则，有目的的选取一名土生土长的武汉大学生茵。茵，20岁，大二学生，普通工薪阶层家庭出身，是我们很熟悉的一个朋友，亦师亦友的关系，相对于普通朋友、同学和陌生人，我们更为了解她的过往经历、个性和喜好，在收集资料时能够做到更加全面、详细与真实，因此选取了她作为研究对象。

（三）研究步骤

1. 研究构想

根据研究目的，查阅了相关文献，并在参阅中国社会科学院社会学研究所社会心理学研究中心的《疫情期间社会心态变化调查》（王俊秀，陈满琪，应小萍，2020）和《疫情下社会心态18天的演变》（王俊秀，陈满琪，应小萍，2020）等调研报告的基础上，提出了研究构想，主要包括以下四个维度：疫情个人风险感知、"武汉封城期"个人心理状态变化、民众对政府的信任度和疫情期间心理疏导的相关建议。其中疫情个人风险感知和民众对政府的信任度与个人心理状态变化相互作用，疫情期间的心理疏导则可以调节消极的心理状态。

2. 资料采集

本研究主要采用质性研究中的半结构式访谈法搜集材料。访谈法是质性研究的常用方法，可分为定量访谈和定性访谈两类，前者指结构型访谈，后者包括半结构型访谈和深度访谈。定性访谈具有探索性和深入性的特点，重视现象产生的背景，力图在自然情境下对现象进行全面深入的探究，其目的是解释现象，寻找复杂性，适用于对无法量化的现象进行探索和解释。定性访谈中，研究者通过与受访者深入交谈可能了解到受访者的情感、经验、思维、感受等主观性强的内容。本研究中，茵在疫情期间的复杂心情和矛盾心理"难以量化"，且研究需要深入了解茵的情感、经验、思维、感受，因此本文选用了定性访谈中的半结构式访谈。相比于结构型访谈，访谈者可以对半结构型访谈提纲中的问题进行一定的延伸和拓展，使得信息搜集的过程更加灵活、收集到的信息更加全面并足够深入。并且相比于非结构式的深度访谈，半结构型访谈更具有逻辑性与结构性，有利于叙事研究对内容的提炼与归纳。半结构式访谈提纲详见附录1。

此外，我们也搜集关于茵的聊天记录和朋友圈动态，作为辅助材料，进行文本分析与诠释。

3. 叙事资料的分析

在征得访谈对象的同意后，对其访谈资料转录成文字进行整理分析。本研究采用了克罗斯利（Crossley）的叙事分析步骤，首先是阅读并熟悉文本；第二步是识别要寻找的重要概念，包括叙事语调，意象，主题等；第三步将上述内容编成一个连续的故事，最终形成研究报告。

对于分析结果将从类属分析（categorization analysis）和情景分析（scenario analysis）这两个方面进行呈现。类属分析是将分析资料按主题类别进行归纳和呈现。当分析所涉及的事件比较多，难以逐个呈现时，将有相同属性的资料归入同一类别。情境分析是指将资料处于研究对象所处的自然情境之中，按事件发生的时间顺序以及事件之间的逻辑关系来组织和呈现，它关注事件的过程与完整性（施铁如，2010）。

（四）研究伦理

在正式访谈之前，我们向访谈对象茵详细介绍了本研究，确保其具有知情权并征得了茵本人的同意，向其承诺严格遵守保密原则，隐去了被研究者的真实姓名并化名为"茵"，除了经茵授权后透露的地名（武汉市）和个人身份（20岁武汉籍女大学生），并未展现其他隐私信息。在整个研究期间，我们给予了茵选择不参与和退出的自由，尊重和感谢茵在研究中付出的时间和精力。

（五）信度与效度

为保证研究的信度与效度，研究者阅读了相关文献，加深对疫情期间民众心理状态的理解。

从信度检验方面来看，因为本研究的访谈者和访谈对象固定，所以不存在因为访谈者的差异而造成的误差。在分析资料的过程中尽可能多渠道搜集资料，如在取得访谈对象的授权后引用其聊天记录与朋友圈的部分内容，以尽可能全面地展现茵的心理状态并进行分析，力求用最真实的文字来表达出访谈的内容。

从效度检验方面来看，在分析过程中由不同研究者分别对材料进行分析，寻找主题。研究者对叙事文本的分析比较一致，如果意见不一致，则返回原始资料进行比较讨论，最终达成共识。此外，为了避免资料的过度解读，研究者在得出初步研究结果后,将其反馈给访谈对象,从资料的描述效度、分析效度两方面接受检验。主要是检验研究有无曲解受访者的语言。另外,除了本研究的参与者,还邀请一位在人格心理学领域进行过多年研究的心理学专家对结果进行审核,审核内容包括:资料在搜集和转录中的可靠度和资料分析与综合过程中的可靠性。

三、结果与讨论

(一)疫情的个人风险感知

风险感知本质上是主观建构的,受到社会文化环境、个体差异等因素的影响(李凯,郭永玉,杨沈龙,2017)。个体因素对风险感知常常起到缓和或放大的作用(Wachinger,Renn,Begg,2013)。在疫情初现端倪的时候,敏感的人释放出了危险的信号,有的人开始"迅速逃离",而另一些人则"不以为意"。笔者与茵相识已久,已知茵的性格乐观开朗,生活态度是积极向上的,而茵在最开始对疫情的表现也确实是乐观的。通过作者本身对茵的了解(包括网络聊天的状态)、从她同学那里了解到的情况,以及茵平时展现出的朋友圈状态,可以看出她是一名积极向上、乐观的大学生。作为一名积极向上的普通大学生,20岁的茵在一开始显然是很乐观的。然而,最初对疫情保有乐观态度的她在得到"武汉封城"的消息时是感到震惊的,不愿相信这一事实。

茵:2020年1月23日,一座千万人口的城市宣布全境封锁。当天,近三十万人离开武汉。坦白地说,我的父母早在1月20日左右就有将我送出武汉的打算。他们从各个渠道获取的消息都指向这个病毒并没有那么简单的结论。所以挺庆幸的,我们一家从1月中上旬就做好了防护措施、减少出门。我也挺幸运的,因为那几天脸上痘痘长得比较凶,一直戴口罩出门,而且也没有到处瞎逛,还去药店买了几包口罩(当时只是单纯地想遮痘痘),没想到后来口罩会断货。在官方消息未明确发布时(1月19日左右),我的父母就建议我返回H市,去我舅爷爷家,担心一旦封城了会耽误我去学校。当时我还跟爸妈开玩笑说,哪有这么可怕,不会封城的。而且就算封城了,我也想和他们一起过个年。

(沉重)挺突然的,1月23日,一语成谶。

一觉醒来,就听到妈妈在给爷爷奶奶打电话,说武汉封城了,疫情挺严重的,没有报道的那么简单,嘱咐他们千万不要出门。

封城……听起来像做梦一样,对于当时半梦半醒的我而言。

"风险"这个概念对不同的人意味着不同的事情。很多经历过"非典"的人,特别是疫情重灾区的人们会拿这两次疫情的流行作比较,迅速感知到风险。Terpstra(2011)认为如果先前经历的事件诱发的是负性情感,风险感知就会较高。对于茵来说,"非典"流行时期她还只有3岁,这个经历在她记忆中是模糊的,而对她的父母来说则不然。所以在做出风险判断的时候,她比父母更加乐观。再加上,疫情刚刚出现的时候,武汉的新闻媒体报道也是偏向积极的,媒体因素会影响民众的风险感知,当民众信赖媒体的时候,即使媒体报道的是负面消息,也能降低民众的风险感知(Wachinger et al.,2013)。这说明一开始许多武汉市民是相信媒体报道的。然而开始越是乐观的人,当打破她预期的事件出现的时候,她越是难以承受。因此茵在访谈中表示她感觉活在梦里,或者说,她希望这仅仅只是一场梦,这表明她不愿相信、不愿面对这件事。

(二)"武汉封城期"个人心理状态的转变

"武汉封城期"访谈对象的情绪呈现"N"字型曲线转变,从一开始的震惊、无力感，到貌似恢复平静，再到负面情绪完全爆发，最后与"负能量"的自己握手言和，充满了感恩之心。以下结论将分为初期、中期和尾声三个时间段分析。

1. 初期

居家隔离的初期，访谈对象明显表现出紧张、焦虑、迷茫、抑郁、愤怒与委屈等负面情绪和无力感。茵除了提到自己"快要抑郁"（来自茵的微信聊天记录），也提及了自己对于武汉境遇的难过，并表达了对部分人肆意污蔑武汉人的愤怒与委屈。在回忆中，她斥责网络上部分人对于武汉的污名化，但同时也袒露了自己在遭受不公正待遇后的委屈和脆弱。

> 茵：刚封城的那几天，和周围大多数人一样，陷入一种紧张、焦虑、迷茫的情绪之中。
>
> "封城"这个词，似乎是一个电影台词一样的存在，停留在我的认知中。让人觉得难以置信。不敢相信自己是这个封城故事中的局中人，和千万武汉市民、湖北人民扮演着"毒圈"人民的角色，被同情、被攻击、被帮助、被鼓励。好像是一部魔幻现实主义的作品，或许我作为一个局外人时，我会和所有其他人一样拿起键盘，顺着网线，隔着电脑、手机屏幕对这部作品进行批判、赏析，做出或许更加客观理智的论断与品评。但是对于那个阶段、状况下的我而言，是很难做到的。我永远坚信，人是无法真正做到换位思考、感同身受的。因为思想、经历、感官全都不一样。就像你说大海很美，我却会说："那里淹死过很多人。"
>
> ……
>
> 微博上"爆：武汉封城"深红色像辣椒一样的标题告诉我，这是真的。

看到的时候，是一种从脚尖到颅顶的无力感。想到了韩国电影《流感》，甚至电影《生化危机》。我不知道我们是不是被抛弃了，我不知道为什么要把"封城"这个悲情色彩的词汇强加到我的城市上。那是一种无法接受的愤怒与心痛。在那段时期，外界对武汉的言论，是带有一种迷离感的，时而鼓励、时而同情、时而谩骂。那段时间我卸载过很多社交软件，那段时间我掉过很多次眼泪，为这座我想要守护的城市。好像总有人躲在屏幕的后面，拿起键盘，一味地唱赞歌抑或一味地谩骂、嫌弃、非议。我相信大多数的武汉市民都是坚守家中积极配合，小部分的离开也并非是为了跑病毒，只是求生的本能，换作任何地方的人们都会这样，为何偏偏给武汉人烙上贪生怕死的标签？

当时我有想过，如果在封城前我离开了武汉，飞回了H市，我会不会也是一只人人喊打的过街老鼠。

封城之初，茵存在有不满和委屈情绪，为武汉市、武汉人受到歧视而感到不满与委屈，网络上报道的"武汉人""湖北人"标签深深地刺痛了她，她质问，难道"武汉人""湖北人"不是中国人吗？"仿佛武汉、湖北是一个笑话，为那些人增加了饭后的谈资。仿佛所有武汉人、湖北人都是病毒携带者，都该死，都应该待在原地，都应该被放弃，谁让他们吃蝙蝠呢？谁让他们乱跑呢？谁让他们是跑病毒的呢？"

茵作为一名普通的居家隔离大学生，反映了部分武汉同龄人当时的感受。正如她所说，她不相信人们能真正做到换位思考、感同身受。而事实上，她也同样没能很好地体会其他省市民众的感受。为什么当时外地人那么惧怕来自武汉的市民？这与武汉人想跑到外面求生一样，其实也是出于一种求生的本能。许多矛盾和冲突都源于没能很好地体会他人的感受和需要、没能设身处地为他人着想。因此，霍夫曼（2003）才认为，共情是人类关心他人的火花，是使社会生活成为可能的黏合剂（马丁·L. 霍夫曼，2003，p. 3）。共情是对他人情感状态和处境的关心和理解（Eisenberg et al., 1991, pp. 63-88），需要将自己和他人的情绪状态区分开来，并在一定程度上可以意识到二者的区别（Eisenberg & Strayer, 1987, pp. 3-31）。对他人痛苦的观察是否会导致共情关怀和利他动机，还是会导致个人痛苦和利己动机，取决于自我—他人区分和认知评价的能力。指向自身的情绪反应容易导致利己的行为结果，如退缩；而指向他人的情绪反应则会促进利他行为，如提供帮助、安慰等（Eisenberg and Eggum, 2009, pp. 71-84）。也就是说，人们对武汉民众会产生共情和利他行为，还是会引起个人痛苦，从而回避痛苦、减少利他行为，很大程度上是取决于我们更关注的是他人的感受，还是我们自己的感受。研究发现当人们想象他人的感受时，容易产生与他人相似的感觉，有助于对他人共情（Decety & Grezes, 2006）。而如果人们过度区分"湖北人""武汉人"，则容易产生外群体偏见，出现共情反转，即我们在社会交往中产生的与他人的情绪状态不一致，甚至相反的情绪反应（Yamada, Lamm, & Decety, 2011）。如果此时媒体的舆论导向能够给大家想象他人境遇以及他人感受的空间，鼓励站在他人角度思考，体验他人情绪，那么地域之间的偏见可能就会被削弱。因此疫情发生初期的媒体舆论导向的引领作用非常关键。

根据 Mocombs 提出的"议程设置（agenda-setting）理论"（郭镇之，1997），媒体对客观世界的报道并不完全真实，而是带有主观倾向、有目的的选择活动。特别是在自媒体时代的网络信息传播中，有的主播和博主为了博取眼球，可以通过赋予各个议题不同程度的偏重，来影响人们对事件真实性的判断。疫情初期，由于疫情传播迅速、媒体消息真假混杂，一定程度上引发了公众的恐慌。而当群体中的大多数人产生了非理性情绪，个体就会受其影响，缺乏对事件真实性和极端言论的怀疑和考量。少量的理性、中立的言论持续减少，而攻击性和煽动性言论则快速增长，出现群体极化（Group Polarization）

的现象(凯斯·桑斯坦,2003,pp. 47-48)。在"武汉封城"初期表现为其他省市的部分民众对武汉人的指责,以及与之相对应的武汉市民的愤怒。

当然对于重大突发性公共卫生事件而言,个体表现出恐慌、焦虑、紧张属于正常现象。茵也同样是集体情绪裹挟下的受害者。本次疫情中微博可谓是负面情绪爆棚的重灾区,社会传染理论认为,网络中一个成员的行为和感知会影响网络中的其他成员(Scherer, & Cho, 2003),而茵的主要信息来源恰好就是微博,加上身边亲友关于各种消息的互传以及自身本能的畏惧,构成了茵负面情绪的来源。

2. 中期

从封城到方舱医院落实的那个阶段,是茵最不愿提及的一段日子。在访谈时,茵曾经提到这一点。

> 茵:我不想去回忆那段可以说的上是黑暗的时光。我也希望那一段时间的难过和无奈的心情可以永远消失在我的记忆中。"全世界欠了武汉人民的情",这是世界卫生组织发布的一句话。

不想去提及,说明茵出现了回避心理。1月末到2月中旬茵曾反复关闭和打开微信朋友圈,甚至在2月初出现了减少使用手机频率的现象,这也在一定程度上反映了茵对于疫情危机的回避心理。并且在居家隔离的中期,茵开始表现出了"心理台风眼效应",即在空间上越接近高风险地点的民众心理越平静(许明星,郑蕊,饶俪琳,2020)。茵在2月初的一次微信聊天中笃定地表达"我们武汉人已经很平静了",并坚决否认了自身存在"恐惧"这种心理,这也是不愿正视现实、压抑自己情绪的表现。但在言谈中,茵又表现得易被激惹(情绪激动,言辞激烈),恰恰体现了茵作为独立个体在心理上的矛盾性与复杂性。果真，在 2 月中下旬茵再次变得非常敏感，负面情绪爆发，且内心充满矛盾。

> 茵：掉过很多次眼泪，那段时间变得特别脆弱，好的坏的，都没办法让人坚强。会因为看到全国各地团结一心的援助感动到哭。会因为医护人员、一线人员的辛苦而哭，会因为身边朋友的一些举止而哭，会因为自己什么也做不了的无力而哭，会因为担心身边的家人而哭，会因为看到一些视频，武汉的今昔对比而哭。

茵在这段时间开始变得敏感，容易哭泣。自武汉封城到 2 月中下旬，她的抑郁感受不断加深，表达出"我本就敏感，现在更感到崩溃"。这与每天报道的疫情不断加重的信息息息相关。1 月末至 2 月中旬是疫情最为严重的时期，茵在此时受到舆论裹挟的负面情绪冲击，产生一定的抑郁实属人之常情。从茵的叙述中可以看出她的心情很复杂，茵除了对一些人的行为感到不满和愤怒外，也会因全国各地团结一心的援助，会因为医护人员、一线人员的辛苦而感动落泪。同时，她明确表示了自己会因为自身感到无力而哭泣，她的无力感主要来源于其在面临疫情之时对于保护自己、保护家人、守护城市的渴望与自身能力有限的矛盾，她意识到个体在疫情面前是如此渺小。对于那时的茵而言，多种负面情绪的累积让她产生了绝望和无力的感受，哭泣成为她主要的宣泄手段。

茵在"武汉封城"这一事件中显然受到了一定的惊吓和心理创伤，因此也表现出了一些创伤后应激反应，如创伤性再体验症状、警觉性和回避性的增加。茵在武汉封城之后曾经表述梦见过电影《生化危机》的相关场景（来源于茵的聊天记录）。也许她感受到武汉所展现出的"病毒爆发，城市被隔离，里面有大量健康居民无法逃离"的境遇与电影中爆发生化危机的浣熊市是如此相似，惊恐感受在她的睡梦中再现。

在疫情期间茵的小姑正是负责社区工作的人员，她告诉茵："社区里时有出现因为新冠肺炎而死的老年人，许多人得不到足够的床位只能在家隔离……"除此之外茵也收到过来自其他亲友的类似消息，这显然对茵的心灵留下了不小的创伤。茵在微信聊天记录中表现出了对亲人的担忧和对疫情的恐惧，她对安慰她的友人反复表达了"你们没有亲身经历过，你们无法理解我"的观点，并反复发出了"你让我如何冷静"的质问，表现为警觉性增加而引起的易激惹和焦虑情绪。

这个阶段是心理辅导介入的最佳时期。很多高校也都在此时开通了网络心理援助电话，为疏导民众的消极情绪做出了贡献。

3. 尾声

隔离即将结束，茵渐渐变得平和，而且充满了感恩。

> 茵：一切好像都在向好的一面发展。武大的樱花开了，武汉的春天到了。好像进入了3月，一切都有一点不一样了。出院人数不断增多，新增的疑似和确诊病例一点一点地在减少。千位、百位、十位、个位、直至今天的零（3月18日）。挺庆幸，好像一切都慢慢回归正轨。
>
> 感谢、感恩好像成了我现在对这次疫情感受的主基调。
>
> 在这段时间，回望前期的让人感到难过的时光，似乎可以和曾经那个有点"愤青""暴躁"的自己握手言和了。很多事情，冷静下来思考，似乎也找到了合理的解释。不用最大的恶意揣测，是对每个人的尊重，对每件事情的尊重。
>
> 现在的我，很感激这段时光。
>
> 于我而言，这可能是一段 gap time（空档期）吧，它让我停下脚步好

好思考，什么对我来说是重要的，我应该用怎样的一种态度去对待世界，我应该怎么去客观地分析，我应该珍惜什么，我究竟想要什么。

这个世界终究是善意居多的。20岁生日对我来说，阴差阳错地被添上了浓墨重彩的几笔。生日当天，将学校发给湖北籍同学的1000元补助捐赠到武汉市慈善总会，希望能够帮助到真正需要的人，希望让他们能感受到善意，我知道那一刻我是心满意足的，因为我也接受到了太多太多外界的善意，太多太多的人坚守前线，只为保障武汉市民的正常生活运转。我永远相信，善意是需要传递的，善良与热爱是世界上最好的品质。

在这里，真诚地感谢与感恩关心、帮助武汉的所有人。

2月下旬，疫情逐渐趋于稳定，随着全国新增病例逐渐减少直至零新增，集体情绪开始趋于平和，茵的心态也逐渐平静了。她逐渐恢复了曾经的假期学习打卡计划，原来没有心思进行的兴趣活动（画画和弹钢琴）也逐渐恢复，茵在访谈中表露她的敏感与反思，她选择面对曾经的自己，思考了自己的心路历程，也得出了属于自己的答案。她完成了内外自我的统一，完成了一场自我的救赎。回首那段岁月，对茵来说不仅仅是"劫后余生"，更是心灵上的洗礼和历练，成长了的茵对于这段经历产生了感恩心理，这对于茵心理状态的恢复是一个非常积极的信号。

在整个疫情期间，茵做出过至少两次利他行为，一次是在疫情逐渐加重的1月，茵向湖北省慈善总会捐款数百元，当时茵在微信朋友圈分享了截图；第二次则是茵在自叙中提到的生日那天捐出了学校给她的1000元补助。经历过痛苦的人更能对拥有相似经历的人感同身受，茵对于和她一同坚守武汉的同胞们表现出了极大的共情。同时，在帮助他人的时候，她收获了极大的快乐。她逐渐回归了乐观开朗的精神面貌。

茵：一切都快点好起来吧。目前为止居家隔离将近六十天的武汉女孩最大的心愿就是，能吃上一碗街边热腾腾的热干面。

（三）民众对政府的信任度

从访谈对象茵的心理变化来看，民众对当地政府信任度是一个动态变化的过程，从"武汉封城"最初的不信任到信任。茵在疫情期间主要的信息来源是微博，疫情期间大量来自民间的无法辨识真伪的信息在微博层出不穷，并有大量刻意渲染恐怖、宣扬地域歧视等的言论出现，这使得茵在微信聊天中曾表现出对政府较低的信任度。

民众对信息来源的信任程度是风险感知的重要预测因素之一（Keller, Bostrom, & Kuttschreuter et al., 2012），低信任度可能会导致较高的风险感知（Sparf & Öhman, 2014）。这也是在疫情中期茵的负面情绪累积得越来越多，直至完全爆发的原因之一。而且，当舆论报道过于积极，与民众所接触到的现实不吻合时，反而会加深民众的疑虑，这时他们会寻找其他的、他们认为更真实的信息来源，比如微博上的一些非官方渠道。传染理论认为，那些通过人际接触彼此联系最密切的人，也最有可能在有争议的话题上分享相似的信息、态度、信念和行为（Scherer, & Cho, 2003）。在微博上可能有许多跟访谈对象年龄相仿的武汉人，他们所传递的信息，会使茵深信不疑。这也是为什么国家要求不能瞒报疫情的原因所在。因为越是刻意隐瞒，越会导致群众对媒体的不信任，他们就会产生更高的风险感知，更加恐慌，继而自己去寻找所谓的"真相"。因此，实事求是的报道非常重要。

值得庆幸的是，随着中央指导组对抗疫工作的迅速介入和后续抗疫工作的不断完善，疫情持续向着好的方向发展，民众对于政府的信任度也逐渐回升，截至访谈之时茵对武汉政府的信任程度已回升。

(四) 疫情期间心理疏导援助的相关建议

茵在居家隔离期间,也想了一些方法自我调节情绪,她采用的心理调节方式主要有:转移注意力("看电影、听音乐、看综艺节目、看书、和朋友聊天、弹琴画画,就是尽量不去想这件事。"),回避("删除社交软件、关闭朋友圈,减少信息爆炸式输入带来的焦虑。"),写个人心情日记("写出来会好一些,会有一种把这种不开心的焦虑情绪打包放置在一个地方,就像一种卸下包袱的感觉")。而写个人心情日记这种方式,与叙事心理治疗有异曲同工之处。神经科学研究表明写日记可以削弱消极情绪,因为写日记时可以激活与认知加工有关的脑区,从而削弱消极情绪反应(Lieberman, Eisenberger, Crockett, et al., 2007)。

Murphy 和 Mitchell (1998) 运用叙事疗法帮助受助者以书写电子邮件的方式重新建构故事,有效地促进了治疗效果。叙事治疗法在我国被广泛地用于医学、社会学、教育学、心理学等多个领域,对于参与叙事治疗的人而言,每一次叙事与重构都是一次对情境与自我的重新审视与思考,援助者只需要在其中稍加引导,就可以与求助者一起构建积极向上的生命故事。这种方法有效地减少了治疗双方的对立,过程平顺而效果显著(张敏,张欢,2020)。疫情导致了传统的面对面心理咨询方式受到限制,但是叙事治疗法仅凭借文字上的往来就能够轻松完成,完美地解决这一问题,叙事疗法应该得到社会层面的推广。

茵很喜欢跟自己的好朋友聊天,这是她放松心情的一种方式。

茵:我个人比较喜欢同伴和自己一起找出问题,因为同伴的方式相比专业的心理医生或心理咨询师更容易让人放松下来,缓和情绪,而且可以站在同龄人的思维和角度一起分析问题,比较能产生共鸣和认同感。我觉得这可能是一种同理心吧，会觉得同伴可以更加可靠，解决方案更有可操作性。对我个人来说，共同寻找解决方案的探索过程是挺重要的，我觉得在这个过程中情绪会得到适当缓解，而并非一味灌输心灵鸡汤。

这说明茵对朋辈心理咨询有需求。朋辈心理咨询（peer counseling）是指非专业的心理工作者经过选拔、培训和督导，向年龄相当的求助者提供具有心理咨询功能的人际帮助过程。由于朋辈咨询师（peer counselor）与求助者年龄相近、烦恼相似、沟通方式类似、话题较多等特点使得朋辈咨询员对求助者有着天然的亲和性，这令朋辈心理咨询有着优于传统心理咨询的天然优势（周仲瑜，但娇莹，2014；周莉，雷雳，2016）。而且，因地域接近、方言一致，朋辈咨询员更易引起求助者的好感。朋辈心理咨询完美地填补了传统心理咨询难以下基层的空白，虽然朋辈心理咨询引进中国的时间比较晚，但却展现出了极大的发展潜力。

疫情期间，不少高校及研究机构公开了自己的心理热线，面向全社会免费提供心理援助，这是值得称赞的。但加强对于朋辈心理咨询的重视与应用，更有利于完善基层民众心理健康监控与保障，并扩大了潜在的志愿心理援助者队伍。朋辈心理咨询的知识相比于传统专业心理咨询知识专业性较低，相对的，也更简单易学，在普及推广上拥有较大的优势，国外以斯坦福大学为代表的高校和我国以中国人民大学为代表的高校已经用实践证明了朋辈心理咨询这种做法十分有效，值得普及（张晓京，徐紫薇，周莉，2018）。

此外，茵在微信聊天的过程中表达了自己在疫情初期对网络媒介的依赖。主流媒体对于舆论的引导在保障人民群众疫情期间心理健康上起着极为重要的作用。我们应该利用各种主流媒体及网络媒体加强舆论引导，在实事求是地对疫情实况进行报道的同时，积极传递正能量，引导人们用辩证发展的眼光看待抗疫工作，避免网络谣言的传播。

另外，通过访谈，根据访谈对象的心理状态的变化，我们发现心理疏导的最佳介入时机是在疫情发展的中后期。在疫情发展的前中期，武汉民众的主要负面情绪包括不满、愤怒、焦虑，此刻他们的心门是关闭的，情绪是对抗的，此时解决实际问题胜于心理疏导。解决了实际问题，民众对政府和医疗机构再次信任，很多心理问题也就迎刃而解了。疫情中后期是心理疏导介入的适宜时期，此时民众放下了戒备，不再回避、抗拒，才能敞开心扉表达自己的真实感受。

四、结论

本研究通过叙事方法探究了一名武汉市籍女大学生在疫情期间的心路历程，采用访谈的方式考查了茵在疫情期间的对个人风险感知、"武汉封城期"的个人心态变化、民众对政府的信任度以及对心理援助的建议。在对茵的叙事研究中，发现了情境对个体的影响。因为个人叙事研究难以进行复制以检查结果的正确性，因此，我们只能在此基础上进行扩充瞭望，推及到武汉的普通民众（特别是同龄的大学生）在同一客观社会环境的影响下可能会产生类似的心理状态改变。我们的研究结论如下：

一是对疫情的风险感知存在个体差异，茵是比较乐观、积极向上的大学生，她对疫情的预估比较积极。而当她的预期被打破的时候，她表现得不愿意接受现实，以为这是一场梦。可能有一部分武汉民众如她一般，在最初媒体的正向报道之下对形势乐观估计，但是在宣布"武汉封城"的那一刻，还是有人产生了慌乱的情绪。

二是疫情封城期间，茵的情绪出现"N"字型曲线变化，一开始感到焦虑、震惊、委屈和愤怒；在中期有可能会出现"心理台风眼效应"，压抑负面情绪，并出现回避行为；随后出现负面情绪的完全爆发；最后归于平静。其他武汉民众有部分可能也经历类似的心理状态改变，通过网络新闻的留言评论也能看出端倪。

三是心理援助最适宜的介入时期是在疫情发展的中后期，因为在疫情前期人们更关注的是疫情是否得到控制等这类实际问题的解决，中后期则是人们负面情绪最多、最需要安抚的时期。

四是媒体报道导向对于民众的情绪起着重要作用，一味报道积极信息反而会造成民众的不信任感，使民众想方设法通过其他途径获取信息，从而可能会获得更多的负面信息。

五是疫情期间心理疏导可以关注以下几个方面：一是舆情引导积极心态；二是疫情发展的中前期解决实际问题胜于心理疏导，疫情中后期是心理疏导介入的适宜时期；三是加强对朋辈心理咨询的重视与运用；四是加强对于叙事治疗法在自我心理疏导中的运用。

综上，本研究采用个人叙事研究方法，对居家抗疫的武汉市大学生茵的自述进行了文本分析与诠释，较深入地了解了身居武汉的大学生茵在新冠疫情流行期间的心理状态变化，并据此提出了一些有关心理疏导的建议，具有实践意义。此外，本文丰富了重大疫情期间关于民众心理状态变化的研究，具有一定的理论意义。本研究虽然得到了一些启发性的观点，但也存在局限性。如对个人叙事研究的结果运用不能以一般量化研究的随机样本的方式来处理，难以复制到他人身上来检查结果的正确性，难以得出一些概括性的结果和结论，只能进行一些推论。

从社会心理学的角度来看，茵在疫情期间的心路历程是典型的"情境对人产生影响"的案例。伴随着新冠肺炎的发现——武汉封城——疫情愈发严重直至到达高峰——新增病例减少、疫情逐渐消退的过程，茵的心理状态也呈现出了由知晓不重视——突然重视、负面情绪激增——负面情绪完全爆发，心理状态到达低谷——重拾信心、逐渐开朗的发展过程。站在旁观者与心理援助者的角度，我们由衷地感谢和赞美我国在这次疫情处置中展现出的"中国速度"，正是因为国家在短短两个月的时间里就基本控制住了国内疫情的发展，许多和茵一样的普通民众的心理健康才得到了更好的保障。直至 4 月 8 日，武汉解封。2020 年 1 月 23 日至 4 月 7 日，这 76 个日与夜，每一位平凡英雄的冲锋与付出，都值得铭记。

参考文献

郭镇之.(1997).关于大众传播的议程设置功能.国际新闻界,3,18—25.

凯斯·桑斯坦.(2003).网络共和国:网络社会中的民主问题.黄维明,译.上海:上海人民出版社,47—48.

莱昂斯,考利.(2010).心理学质性资料的分析.毕重增译.重庆:重庆大学出版社:105;107.

李凯,郭永玉,杨沈龙.(2017).民众对于恐怖袭击的风险感知.心理科学进展,25(2),358-369.

马丁·L.霍夫曼.(2003).移情与道德发展:关爱和公正的内涵.杨韶刚,万明译.哈尔滨:黑龙江人民出版社,3.

马一波,钟华.(2006).叙事心理学.上海:上海教育出版社:8;99.

施铁如.(2010).叙事心理学与叙事心理辅导.广州:广东高等教育出版社:236.

王俊秀,陈满琪,应小萍,高文珺,谭旭运,刘晓柳.(2020).疫情期间社会心态变化调查.http://www.cssn.cn/dzyx/dzyx_xyzs/202002/t20200211_5087357_2.shtml?COLLCC=1298979816&,2020-02-11.

王俊秀,陈满琪,应小萍,高文珺,谭旭运,刘晓柳.(2020).疫情下社会心态18天的演变.http://sociology.cssn.cn/shxsw/swx_kycg/swx_yjbg/202002/t20200218_5090128.html,2020-02-18.

许明星,郑蕊,饶俪琳,匡仪,杨舒雯,丁阳,李江龙,李纾.(2020).妥善应对现于新冠肺炎疫情中"心理台风眼效应"的建议.中国科学院院刊,3,273—282.

张敏,张欢.(2020).艾滋病患者家庭中的青少年亲子关系重构——叙事治疗模式下的社会工作个案介入.山东青年政治学院学报,2,1—14.

张晓京,徐紫薇,周莉.(2018).从斯坦福大学到人民大学:朋辈心理咨询项目的中国实践.北京教育(德育),11,36—39.

周莉,雷雳.(2016).美国朋辈心理咨询模式及其对我国的启示——以美国斯坦福大学为例.教育理论与实践,36(15),52—54.

周仲瑜,但娇莹.(2014).大学生朋辈心理咨询需求调查与分析.重庆科技学院学报(社会科学版),1,177—179.

Terpstra, T. (2011). Emotions, Trust, and Perceived Risk: Affective and Cognitive Routes to Flood Preparedness Behavior. *Risk Analysis*, 31 (10), 1658 – 1675.

Wachinger, G., Renn, O., Begg, C., & Kuhlicke, C. (2013). The risk perception paradox—implications for governance and communication of natural hazards. *Risk Analysis*, 33 (6), 1049 – 1065.

Decety, J., & Grezes, J. (2006). The power of simulation: imagining one's own and other's behavior. *Brain Research*, 1079 (1), 4 – 14.

Eisenberg, N., & Eggum, N. D. (2009). Empathic Responding: Sympathy and Personal Distress. In Decety J, Ickes W (eds), *The Social Neuroscience of Empathy*. Cambridge, MIT Press, 71 – 84.

Eisenberg, N., Shea, C. L., Carlo, G., & Knight, G. P. (1991). Empathy-related responding and cognition: A "chicken and the egg" dilemma. In W. M. Kurtines (Ed.), *Handbook of moral behavior and development*, 2, Hillsdale, NJ: Erlbaum, 63 – 88.

Eisenberg, N., & Strayer, J. (1987). Critical issues in the study of empathy. In N. Eisenberg & J. Strayer (Eds.), *Empathy and its development*, Cambridge: Cambridge University Press, 3 – 31.

Keller, C., Bostrom, A., Kuttschreuter, M., Savadori, L., Spence, A., & White, M. (2012). Bringing appraisal theory to environmental risk perception: A review of conceptual approaches of the past 40 years and suggestions for future research. *Journal of Risk Research*, 15 (3), 237 – 256.

Lieberman, M. D., Eisenberger, N. I., Crockett, M. J., Tom, S. M., Pfeifer, J. H., & Way, B. M. (2007). Putting Feelings Into Words Affect Labeling Disrupts Amygdala Activity in Response to Affective Stimuli. *Psychological Science*, 18 (5), 421 – 428.

Murphy, L. & Mitchell, D. (1998). When Writing Helps to Heal: E-mail as Therapy, *British Journal of Guidance & Counseling*, 26 (1), 21 – 33.

Scherer, C. W., & Cho, H. C. (2003). A Social Network Contagion Theory of Risk Perception. *Risk Analysis*, 23 (2), 261–267.

Sparf, J., & Öhman, S. (2014). On Risk and Disability-investigating the Influence of Disability and Social Capital on the Perception and Digital Communication of Risk. *Journal of Risk Analysis and Crisis Response*, 4 (1), 20–33.

Yamada, M., Lamm, C., & Decety, J. (2011). Pleasing Frowns, Disappointing Smiles: an ERP Investigation of Counterempathy. *Emotion*, 11 (6), 1336–1345.

A Narrative Inquiry of a University Student in Wuhan During the COVID-19 Pandemic

Jie Jing[1] Wan Zi-jun[2]

([1] Center for Mental Health Education, Hainan University, Haikou, 570228)

([2] School of Economics, Hainan University, Haikou, 570228)

／ Abstract ／

Since December 2019, the novel coronavirus has drawn widespread attention from far and wide. China's quick responses and effective measures have earned it applause and extensive support from the international community. As of March, 2020, the epidemic situation in China has become stable, and the collective mood has change to be calm. The purpose of this study is to deeply understand the psychological changes of college students living in Wuhan during the COVID-19 epidemic. By adopting the narrative inquiry, this study took the self-statement made by a college student living in Wuhan as the study subjects and used semi-structured interviews and chats as supporting materials. The results showed that the mental state of the interviewees during the COVID-19 epidemic showed a N-shaped curve, ranging from anxiety, grievance, anger and confusion in the early stage of the epidemic to suppressing her own emotions in the early-middle stage, and then to the outbreak of negative emotions in the middle-late stage, and finally to reconcile with herself, full of gratitude. Based on the results, this study puts forward the relevant suggestions on psychological assistance during the serious epidemic.

／ Keywords ／

COVID-19, epidemic situation, narrative inquiry, interview, psychological counseling

附录：半结构式访谈提纲

维度1：疫情个人风险感知

1. 你觉得疫情在武汉扩散的可能性如何？
2. 你认为你对防疫措施的了解程度如何？
3. 你认为疫情对你生命安全的威胁程度如何？
4. 你认为疫情对民众生活的影响如何？
5. 你认为疫情对我国经济发展会造成影响吗（可以分短期和长期回答）？
6. 你最常获得疫情相关信息的媒介（电视新闻、新闻网站、微信QQ、微博等）是？
7. 你认为本次疫情在重大公共卫生事件（例如SARS、流感）中算比较严重的吗?

8. 你认为应该把这次疫情归结为一个偶然事件还是一个必然事件?

维度2：疫情个人心态调查

1. 可以具体说说随着疫情变化（从开始到现在）你心态的变化吗?

2. 你是否感到过紧张、害怕、焦虑、恐惧等心理上和生理上的不适?你有没有感觉到无法安心学习，因为担心被感染而不敢接触他人，或者感受到更多的身体不适?你是否会希望在疫情扩散时到更安全的地方去?可以具体谈谈吗?

3. 你觉得你个人心态最差的时候是在什么时候呢?可以具体谈谈吗?

4. 当接到什么样的消息时，你感觉到松了一口气和心情平静呢?可以具体谈谈吗?

5. 疫情结束之后最想做的事情是什么?

维度3：民众——政府信任度调查

1. 你认为这次疫情中指导防疫的干部是否有充分考虑人民利益呢?

2. 你认为这次疫情中参与防疫工作的领导干部（上至省防疫指挥部下至村委会、居委会）是否做好了防疫工作?有没有值得赞扬或需要改进的地方?

3. 针对这次的疫情客观上暴露的某些干部的不作为行为，你认为我们国家能否在后续工作中完善防疫工作中出现的不足?

4. 你认为本地对于交通、居民出行、居民生活的管理有没有做到公平、合理、有效呢?可以请你谈一谈值得肯定的地方和值得改进的地方吗?

5. 你认为本地行政体系运作合理吗?如果不合理,能够说说你认为不合理的地方吗？

6. 随着疫情的逐渐发展，你是否认为本地的政府行政能力有所提升？

维度4：疫情期间心理疏导的相关建议

1. 你认为你在疫情期间是否采用了某些手段来调节自己的心情？能详细说明一下吗？

2. 你对疫情期间的心理疏导和援助有什么建议？

《心理传记与质性心理学》征稿启事

《心理传记与质性心理学》（*Psychobiography and Qualitative Psychology*）（原名《生命叙事与心理传记学》）集刊由中国心理学会心理学质性研究专业委员会和岭南师范学院心理传记学与生命叙事研究所共同主办，每年出版两辑（6月和12月出版），中央编译出版社出版。本刊实行匿名审稿制，设有如下栏目：心理传记学；叙事心理学（含生命叙事、自我叙事、生命史等）；以及其他各种质性方法在心理学研究中的应用（如扎根理论、解释现象学分析、话语分析、对谈分析、叙事访谈、生命故事访谈、焦点团体、民族志、参与式观察等）。

投稿格式要求：

一、稿件提交：来稿需提交 Word 文档电子版（发送至电子邮箱：smxsxlzj@sina.com）

二、文章字数要求：考虑到本集刊的特点及创新性问题，对稿件字数不做严格要求，但每篇文章最多不超过 3 万字。

三、文题、作者及单位：中文文题一般以 20 个汉字以内为宜。作者姓名列在文题下，单位列在作者姓名之下。单位项依次列出单位名称、单位所在城市和邮政编码，三者之间用逗号分隔。如有基金资助的文章，在文题后面打上"＊"，在页下注中列出"＊"及所对应的基金名称、项目批准号；同时，也一并在首页页下注中列出第一作者或通讯作者的电子邮箱。

四、摘要和关键词：须附中、英文摘要。中文摘要不超过 300 字，为了便于国际交流，英文摘要可长些，但不超过 500 字或一页。中英文关键词 3—5 个，每个词之间用逗号分隔。摘要二字之间隔一个汉字。

五、正文：各级标题序号依次用一、（一）、1 和（1），作为一级标题、二级标题、三级标题和四级标题。文中表格采用三线表。根据出现的顺序列出表（图）1、表（图）2 及其相应的名称等。表（图）序及表名列于整个表（图）上方正中间，如有表（图）注，列在表（图）的下方。

正文中引用的研究文献可以作为句子的一个成分，放在引用内容的前面，例如，张三和李四（2011）认为……；也可放在引用内容的后面，例如，……心理传记学与人格学的关系（张三，李四，2011）。最多列出三个作者，中间用逗号分隔；如是英文作者，两个作者的，其间用"&"号分隔，三个作者的，在第二作者与第三作者之间用"&"。超过三个作者的，后加"等"字或"et al."。如直接引用他人的一段话，可另起一段，缩进两字，不加引号，小 5 号楷体。正文中注释采用页下注（脚注），用符号①、②……在文中标出，每页依序重新编号。引用内容如果为图书文献，要在相应的文中列出引用的内容所在页码，例如，（张三，1998：68）。

六、参考文献：执行 APA 格式的"作者－出版年制"。中文文献在前，英文文献在后，按照作者姓氏字母顺序排列。几种主要文献的书写格式举例如下：

1. 中文文献

（1）引用期刊

作者（出版年）. 文章题目. 刊名. 刊卷（期），页码.

张建人，周晋彪，凌辉（2010）. 鲁迅人格的心理传记学研究. 中国临床心理学杂志，18（3），339—342.

(2) 引用专著

作者（出版年）．书名．出版社所在城市：出版社．

胡波（1997）．岭南文化与孙中山．广州：中山大学出版社．

(3) 引用析出文献

作者（出版年）．析出文章名．编者．书名．出版社所在城市：出版社．

何翠萍（1992）．比较象征学大师——特纳．见黄英贵主编．见证与诠释：当代人类学家．台北：中正书局．

(4) 引用译著

作者译名或原名（采用译名或原名以译著封面标识为准）（译著出版年）．书名(某某译)．出版社所在城市：出版社．(原著版本语言及出版年)．

沃尔特．C. 兰格（2011）．希特勒的心态——战时秘密报告（程洪雁译）．北京：中央编译出版社．(英文版1972年)．

(5) 引用会议论文

作者（出版年月）．论文题目．会议名称，会议地点

郑剑虹（2011，9月）．心理传记学研究的质量结合模式与资料筛选．第七届华人心理学家学术研讨会论文，台北．

(6) 引用学位论文

作者（出版年月）．论文题目．学位，授予学位单位，城市．

朱晨海（2003）．近现代中国文化名人人格研究．博士学位论文，华东师范大学心理系，上海．

2. 英文文献

(1) 引用期刊（刊名斜体字）

Authur, A. A. (year). Title of Article. *Title of Periodical*. issue, page number.

McAdams, D. P. (2001). The Psychology of Life Stories. *Review of General Psychology*, 5 (1), 100 – 122.

（2）引用专著（书名斜体字）

Authur, A. A. (year). *Title of Work.* Location: Publisher.

McAdams, D. P. & Ochberg, R. L. (1988). *Psychobiography and Life Narratives.* Durham and London: Duke University Press.

（3）引用析出文献（书名斜体字）

Authur, A. A. (year). Title of Chapter. In Editor A. & Editor B. (Eds.), *Title of Book* (page number). Location: Publisher.

Crosby, F., & Crosby, T. L. (1981). Psychobiography and Psychohistory. In S. L. Long (Ed.), *The Handbook of Political Behavior.* New York: Plenum, pp. 195－254.

（4）引用会议论文（论文题目斜体字）

Authur, A. A. (year). Title of Paper. *Paper Sourse*, Location.

Karpiak, I. E. (2008, October). At Midlife: Crossing a Threshold of Change, Challenge, and Creativity. Paper presented at National Chengchi University on 2008 International Conference on Creativity Education, Taipei.

（5）引用学位论文（论文题目斜体字）

Authur, A. A. (year). Title of paper. Degree, University, City, Country.

Almeida, D. M. (1990). *Fathers' Participation in Family Work: Consequences for Fathers' Stress and Father-child Relations.* Master Dissertation, University of Victoria, Victoria, British Columbia, Canada.

未提及的文献类型，请查阅《美国心理协会写作手册》（英文第 5 版，中译本，重庆大学出版社，2008）。

其中中文部分的逗号、括号等标点符号用全角，连接号"—"为一字线。英文部分标点符号为半角，连接号"－"为半字线。不可混用。

已有中文译本的英文文献，如果作者参考的是原著，则按英文文献处理；

如果参考的是译著，则按照中文文献中的译著处理。

七、访谈稿：访谈录音稿转录为逐字稿后，要断句，加标点符号。

八、数字：公历世纪、年代、年、月、日、时刻和计量均用阿拉伯数字。

九、字体要求：文题（小2宋体加粗）；作者（小4宋体加粗）；作者单位（小5宋体）；摘要与关键词（小5宋体，1.5倍行距。摘要二字之间分隔一个汉字，关键词之间用逗号分隔，摘要和关键词这几个字字体加粗）；正文（5号宋体，1.5倍行距编辑；英文和数字均采用"Times New Roman 字体；图表为小5号宋体。一级标题4号宋体加粗，二级标题5号宋体加粗，三级标题5号黑体，四级标题5号宋体）；参考文献四字顶格，5号宋体加粗；引用的各类参考文献字体为小5号宋体。脚注字体为6号宋体。英文刊名、书名、会议论文、学位论文和网络论文题目用斜体。文中的统计学符号采用斜体。